Gebhard Xaver Bock, Die Gretchenfrage

Traude Bock-Laubis, Aquarelle

Für

Traude

Peter, Ulrike, Anke, Carolin

Karina, Erik

Gebhard Xaver Bock

Die Gretchenfrage

„Wie hast du es mit der Religion"

Impressum:

© 2021
Herstellung und Verlag: BoD – Books on Demand,
Norderstedt
ISBN: 978-3-7534-9754-9

Anmutig zieht das scheue Wild
zur Quelle in ungestillter Zeit
und sucht sein eigenes Bild.
Ihm angetan ist Werden
im unfassbaren Weit,
erprobt, bedroht vom süßen Tod.

Ordnend ist der Tanz auf Erden.
Es tasten die Geister
um des Liedes Melodien.
Die Geliebten ziehen weiter
zu neuen grünen Ufern hin.

Die Existenz Gottes

kann nicht disponiert werden.

Kirchen und Religionen sollten darauf verzichten.

Erst recht dürfen sie von solcher Disposition

keine Macht für sich ableiten.

Der Glaube ist eine Vereinbarung.

Die Menschen tragen Verantwortung

für die geistige Welt.

PROLOG

*

Gibt es den einen Gott?

Wer hat sich diese Frage noch nie gestellt?

„Wenn das Universum einen Anfang hatte, können wir annehmen, dass es durch einen Schöpfer geschaffen worden ist. Doch wenn es völlig in sich selbst abgeschlossen ist, keine Grenze und keinen Rand hat, dann hätte es auch weder einen Anfang noch ein Ende; es würde einfach sein. Wo wäre dann noch Raum für einen Schöpfer?" So fragte der im Jahr 2018 verstorbene englische Physiker Stephen Hawking. Wir sehen, wie sehr der berühmte Wissenschaftler im physischen Kosmos gefangen war. Auf eine spirituelle Welt, in der Gott weder Raum noch Materie braucht, um zu existieren, konnte er sich nicht einlassen.

Kann sich Gott nicht einfach als Leben offenbaren? Auch wenn das in seinen Widersprüchen unbekannten Gesetzen folgt? Oder kann die Unendlichkeit eine Erscheinungsform Gottes sein? Wer will die Möglichkeiten begrenzen? Die Dinge entziehen sich unseren Sinnen.

Unsere Suche ist der Beginn einer Vereinbarung. Oft bleibt zunächst undeutlich, ob wir sie mit Gott oder einer Religion treffen werden. „Nein, Gott gibt es nicht und die Kirche ist ein unmoralischer Haufen", sagte mir ein Bekannter. Da zeigt sich die Zerrissenheit, die sich auftut, wenn wir das Thema nicht in der notwendigen Tiefe angehen.

Selbstverständlich wird Gott nicht von der Moral einer Kirche oder Religion bestätigt. Der Glaube an Gott ist keine Gnade, wie zuweilen von Theologen behauptet wird, sondern das Ergebnis einer Suche, auch eine Vereinbarung mit uns selbst. Darin mag sich das Ichselbst ordnen, Gott in seinen Eigenschaften erkennen und ihm, so es ihn findet, auch einen Platz im Allumfassenden einräumen

*

Die Existenz Gottes kann nicht disponiert werden. Kirchen und Religionen sollten darauf verzichten. Erst recht dürfen sie von solcher Disposition keine Macht für sich ableiten.

In unserer Zeit wird der freie Wille des Menschen zunehmend zur bestimmenden Kraft in der Schöpfung. Als Folge des zuwachsenden Wissens wird uns auch die zugehörige Verantwortung aufgebürdet. Sie braucht viele Schultern, die sie zu tragen vermögen. Darin finden die demokratisch vereinbarten Entscheidungen ihre Rechtfertigung.

In ihrem Rahmen sind den Religionen Aufgaben zugeordnet. Sie sollen auf spirituellen Pfaden und mit stützender Teilnahme den suchenden Menschen helfen. Die Wege sind voller Hindernisse. Auch der Glaube an Gott zwingt uns zur Verantwortung.

Als Geheimnisse werden die Kraft des Glaubens und deren Wege gehütet. Das Wissen darum darf in unserer Zeit nicht mehr verborgen bleiben. Im Bewusstsein der Menschen soll es sich entfalten und wirken.

Am Ende kommt es nicht darauf an, ob wir an den Gott unserer Vorstellung glauben oder nicht. Die Kraft unseres Glaubens, die in die geistige Welt getragen und von dort wieder auf die irdische einwirkt, muss erforscht und zum Positiven gelenkt werden. Ob wir sie als göttliche Kraft anerkennen oder als Produkt des menschlichen Geistes sehen wollen, bestimmt den Gang der Schöpfung nicht und ist deshalb bedeutungslos.

In der Anerkennung (Anbetung?) Gottes bestätigen wir freilich unseren Glauben an den positiven Fortgang der Schöpfung. Das ist das Wichtigste. Unser Glaube an den Vollkommenen und Liebenden hat Kraft und hilft der Schöpfung, bewahrt uns vor falschen Entscheidungen und lenkt auf den richtigen Weg.

Gott ist

des Menschen

Sehnsucht

und Hoffnung.

Unser Glaube

hat Gestaltungskraft.

GOTT

Wäre ein Allmächtiger,
wie könnte uns je
das Glück des Gelingens
erreichen?

Wäre kein Allmächtiger,
wer könnte uns je
von Irrweg zum Guten
geleiten?

*

Gott ist ein Mysterium. Man kann es nicht beschreiben. Auf unserer Suche wollen wir uns mit dem Wahrnehmbaren begnügen und die Schöpfung als seine Offenbarung annehmen.

Wir finden eine Kraft, die aus unserem festen Glauben wächst. Kann das Weltgeschehen durch den Glauben der Menschen beeinflusst werden?

Ja, sagen die Einen, schreiben Bücher darüber und verweisen auf eigene Erfahrungen.

Nein, sagen die anderen und rufen nach Beweisen.

Es geht um Realitäten, die von der Geisteswissenschaft erforscht werden. Die Ergebnisse werden zum Teil dankbar aufgegriffen, von anderen als Hokuspokus verworfen. Es geht um Wirkkräfte, deren Quellen und Wege.

Der Glaube, die Hoffnung und die Liebe als Ursprung unseres Handelns stärken und formen die Seele. So strahlt sie in die geistige Welt hinüber. Diese wiederum wirkt auf ihre Weise (zum Beispiel als Zeitgeist) in das irdische Geschehen.

Gott ist dem Menschen eine Sehnsucht und Hoffnung. Unser Glaube hat Gestaltungskraft. Als Kraft des Glaubens ist die auch das Fundament vieler Religionen.

Mit welchem Gottesbild leben wir? Wie weit haben wir es selbst entwickelt? Wie viel wurde uns vermittelt? Wie sehr haben Kulturen, Bedürfnisse, Wünsche, Sehnsüchte, Schwächen und Stärken mitgestaltet? Im Wesen Gottes verankern wir alle hehren Ideale. Die irdische Allmacht gehört indes nicht dazu. Der Wunsch nach ihr ist eine menschliche Gebrechlichkeit, die sich gegen den freien Willen richtet. Die irdische Allmacht ist durch den freien Willen der Menschen begrenzt.

Gott wirkt und gestaltet in der geistigen Welt. Der freie Wille des Menschen schließt seine unmittelbare irdische Allmacht aus. Die behält er sich freilich auf seiner geistigen Ebene vor, indem er Ziele in unsere Seelen pflanzt, uns mit Begabungen und Gesundheit segnet, mit Bedürfnissen, Behinderungen und Krankheiten belegt. Wir wissen, dass das Schicksal von Behinderten und Kranken die Sozialität und Nächstenliebe der Mitmenschen fordert. Im Positionswechsel sehen wir auch Menschen, die lernen müssen, diese Zuwendung anzunehmen. Beides ist Werden, ein Akt der Schöpfung an unserem Selbst.

Unser seelisches Wohlbefinden hängt von der Vereinbarkeit des irdischen Tuns mit unserem Gewissen ab. Wenn die fehlt, kann das die Ursache von Krankheiten sein. Auch auf solchen Wegen strahlt die Macht Gottes aus der geistigen Welt in unser irdisches Leben hinein. Wir müssen dies annehmen. Es gibt keine Alternative. Wir können ohne Rebellion Gott nahe sein, indem wir uns annehmen, das Schicksal mit Demut zum positiven Werden der Seele gestalten lassen. Wenn wir uns öffnen, uns und diese Welt betrachten, werden wir dies erkennen. Wer sein Schicksal nicht annimmt, verschließt sich dem Leben.

Auf der Suche nach Gott begegnen wir unserem Selbst und den Mitmenschen. Unser Glaube scheitert, wenn das Gottesbild mangelhaft ist. Dann können wir an den Gott unserer Vorstellung nicht (mehr) glauben. „Du sollst dir kein Bild machen", steht in der alten Schrift. Gott ist Geist und darf nicht in der Welt der Materie gesucht werden. Wir dürfen ihn nicht begrenzen durch Vorstellungen, die eigene Bedürfnisse und Wünsche zur Mutter haben. Ist uns das möglich? - Wo könnten wir ihn dann noch finden?

Wir werden ihn erkennen, wenn er vorbei gegangen ist. Wir sollen ihn suchen, auch wenn er nicht zu sehen ist, sagt uns die alte Schrift. Wir finden ihn in der Liebe. [1] So ist die neue Schrift zu verstehen. „Glaube, Hoffnung und Liebe", [2] sind die drei Stützen, die Paulus hervorhebt. „Wenn mir die Liebe fehlt, bin ich nichts". [3] Tatsächlich erfasst die Liebe alle hohen Ideale, die wir im Gottesbild vereinen. Da bleiben freilich irdische Machtausübung, Rache, Strafe und Hass ausgeschlossen. Gott geht es nicht um Reduzierung, nicht um Sünde und Buße, sondern um die Schöpfung, um unsere Einsichten. Die Erfüllung

---

[1] Neue Schrift, Matthäus 5,44
[2] 1. Korintherbrief 13,13
[3] 1. Korintherbrief 13,2

von Wünschen und Bedürfnissen dürfen wir so weit anstreben, wie sie der Schöpfung nicht schaden und wir auch anderen zugestehen.

Der liebende Gott will nicht strafen, sondern korrigieren. Es geht um Würde und Anerkennung, um Liebe, die Jesus gepredigt hat. Ganz besonders geht es um den Erhalt und die Fortschreibung der Schöpfung. Niemals darf sie einem Egoismus oder einer anderen Macht geopfert werden. Die heile Welt ist möglich. Doch wir bekommen sie nicht umsonst.

Die Schöpfung und deren Geheimnisse stehen der Wissenschaft als Objekt zur Verfügung. Das Mysterium Gott mag freilich schon wegen seiner Vielfalt außerhalb des Erklärbaren liegen. Gott ist nicht unnahbar. Er will unsere Nähe. „Kommet zu mir alle, die ihr kämpft und beladen seid, ich will euch Ruhe geben".[4] Weil Gott Geist ist, werden wir uns freilich nur auf geistigen Wegen nähern können.

Könnte der Mensch auch Gott erschaffen haben? Der Unterschied ist der von Ei und Henne. Gott und Mensch sind in der geistigen Welt untrennbar miteinander verbunden. Der Mensch ist nun einmal mit der Sehnsucht nach Gott ausgestattet. Die Einigkeit mit Gott ist unser Ziel, Traum und Schicksal. Wir müssen es annehmen.

---

[4] Neue Schrift, Matthäus 11,28

Es ist Hoffnung,
die den Glauben ruft.

Es ist Glaube,
der Vertrauen weckt.

Es ist Vertrauen,
das Kraft gebiert.

Es ist Kraft,
die in Gott sich findet.

Es ist Gott,
der uns liebt.

Es ist Liebe,
die uns rettet.

GOTT

ADONAI

ALLAH

DER NAME GOTTES

In Hoffnung spüren,

in der Seele erkennen,

in Liebe nennen,

und zärtlich berühren.

*

Indem wir Gott einen Namen geben, begrenzen wir ihn schon. Er muss nicht von einem anderen gleichartigen Wesen unterschieden werden. In unserem Verständnis ist er doch der einzig Vollkommene, der keinen weiteren Namen braucht.

Auch die Juden gehen mit dem Namen ihres Gottes mit Zurückhaltung um. Haben sie ihm seinen Namen gegeben, um ihn für das auserwählte Volk zu verwahren? Indem wir ihn mit Namen nennen, mag freilich die emotionale Annäherung, eine Berührung gelingen.

Wenn wir uns Gott überhaupt nähern dürfen, dann nur in der Beschreibung seines Wesens: „Der einzig Vollkommene" klingt treffend und etwas umständlich. „Der Einsame" gefällt mir auch, Vollkommenheit macht einsam. Hat Jesus diese Einsamkeit gespürt? Können wir Menschen die Einsamkeit Gottes begreifen? Unsere Beschreibung wird allemal unvollkommen sein.

Wir nennen ihn „Den Allmächtigen" und wissen nicht, was wir tun. Als solcher wäre er für alle Verbrechen der Menschen verantwortlich. Der Determinismus wurde mit unserem freien

Willen und dem Wissen um Gut und Böse zumindest weitgehend überwunden. Für die Taten der Menschen kann Gott nicht verantwortlich gemacht werden. Seine Macht wirkt auf geistigen Wegen in das Irdische hinein. Er ist der prägende Geist, der Mensch sein mehr oder weniger williges Werkzeug. Als Verantwortlicher für das menschliche Tun ist Gott nicht brauchbar. Der Mensch muss seinen freien Willen in Verantwortung bezahlen. Ist das ein Grund, Gottes Existenz infrage zu stellen? Das hieße dann auch, alle Unzulänglichkeiten dieser Welt hinzunehmen. Wollen wir das? Gibt es nicht die göttliche Kraft, die uns befruchtet, bewegt, handeln und schaffen lässt, als Menschen des guten Willens. Gott schuf uns nach seinem Ebenbild. [5]

Natürlich kann man Gott leugnen. Schwieriger wird es bei der Kraft aus der geistigen Welt. Die wirkt, mal subtil, mal mit Wucht und ist erkennbar.

Man kann sie als göttlich anerkennen.

---

[5] Alte Schrift, Genesis 1, 26-27

Im Wüstenweit
suche ich mein Werden,
ein Kind in der Krippe
und finde das Leid.

Da will ich fliehen
zu inneren Räumen,
in die Stille ziehen
finden, träumen.

In dem Maße, wie wir Gott erspüren,

werden wir ohne Vorbehalt an ihn glauben.

So wird unser Gottesbild ein persönliches sein,

unserer Gottessehnsucht entsprechen

oder zumindest nahekommen

und vielfältige Vorstellungen von Gott hervorbringen.

DER GLAUBE

Das Karma

ist unser Glaube

den wir nicht

realisiert haben,

das Ungewordene

welches auf dem Weg

zurück geblieben ist.

*

Der feste Glaube ist ein Spross der Hoffnung und hat Kraft und Wirkung, besonders wenn er mit bildhaften Vorstellungen einher kommt. In diesem Sinne lautet das erste Gebot: Du sollst an Gott glauben. Psychologen haben dicke Bücher über die Kraft des Glaubens geschrieben.

*

Der Geist Gott hat Wirkkraft. Schon das natürliche menschliche Gewissen ist eines der Mittel, auf denen er aus der geistigen Welt in unser irdisches Leben hinein wirkt? Durch unseren Glauben wird diese Wirkkraft auf mystischen Wegen gestärkt.

Die Suche nach Gott ist individuell und deshalb innig. Wir dürfen uns hinein begeben und dabei Hilfe annehmen, uns hineinreden lassen sollten wir freilich nicht. In dem Maße, wie wir Gott erspüren können, werden wir ohne Vorbehalt an ihn glauben. So wird unser Gottesbild ein persönliches sein. Es wird unserer Gottessehnsucht entsprechen oder zumindest nahekommen und vielfältige Vorstellungen von Gott hervorbringen. Da ist es gut, wenn unantastbare Werte das Chaos ordnen.

Im Monotheismus ist Gott der Herr der Ethik. Tatsächlich finden wir schon im Buch Noah die sieben noahidischen Gesetze.[6] Zumindest in fünf Teilen entsprechen sie dem natürlichen menschlichen Gewissen:

* Glaube an Gott! (Der Bund des Ewigen mit Noah).

*Ehre den Gott!

*Töte nicht!

*Treibe keine Unzucht!

*Respektiere das fremde Eigentum!

*Du sollst keine lebenden Tiere essen oder quälen.

*Übe Gerechtigkeit!

Die hehren Ideale, die wir als Wesen Gottes verstehen, sind uns in dem Maße präsent, wie wir sie auch verinnerlichen. Wir haben einen lebendigen Gott, der sich im Fortgang unserer Erkenntnis verändern mag. Dies zu begreifen ist eine Aufgabe auf dem Weg unseres Werdens.

Irrtümer sind in jeder Hinsicht möglich und werden von egoistischen Mächten provoziert und ausgenutzt. Da befinden wir uns mitten im täglichen Leben.

---

[6] Alte Schrift, Genesis 9, 1-17

So wie Raum und Zeit

unendlich erscheinen,

dürfen wir auch das Wissen

nie als endlich betrachten.

Geistesforschung ist bitter nötig.
Sie zu betreiben
und die Ergebnisse in
das Bewusstsein zu tragen
ist die eigentliche Aufgabe
der Religionen.

Im Dienst an den Menschen
müssen die Ergebnisse
geprüft werden.

RELIGIONEN

Religionen werden von Machtgierigen

bevorzugt zur Gestaltung und

Wahrung ihrer Macht missbraucht.

Sie verlieren ihre Rechtfertigung,

wenn sie sich missbrauchen lassen.

*

Religionsgemeinschaften werden von Machtgierigen bevorzugt zur Gestaltung und Wahrung ihrer Macht missbraucht. Sie verlieren ihre Rechtfertigung, wenn sie sich missbrauchen lassen. Die Menschen laufen ihnen davon, weil sie ihre Aufgaben nicht den veränderten Bedürfnissen angepasst haben. Es geht nicht um Werte von gestern, sondern um Einsichten von heute und morgen.

So wie Raum und Zeit unendlich erscheinen, dürfen wir auch das Wissen nie als endlich betrachten. Die Konstante allen Daseins ist das Werden. Verantwortlich für die Prämissen des Werdens, der Ethik und Ideale, letztlich für die Gotteserkenntnis, braucht der Mensch die Spiritualität.

Er ist ein unvollkommenes Geschöpf und strebt gemäß seiner Natur nach Vollendung. Unserer Entwicklung dürfen wir uns nicht entgegen stemmen, die Schöpfung nicht aufhalten. Vielmehr ist es unsere edelste Aufgabe, der Kreation zu dienen, uns ihr hinzugeben. Das Wissen um die Wirkung des irdischen Geschehens auf die jenseitige Welt darf nicht mehr „weltfremden" alten Männern und „weisen" Frauen vorbehalten bleiben. Zumal diese geistige Welt auch Wirkung auf das irdische Leben hat. Wir Menschen tragen unser irdisches Werden in Gestalt

33

unserer Seele in die andere Welt hinüber. Das hat Einfluss auf die Zeitgeister und formt unsere künftige Wesenheit.

Wir nähern uns den Aufgaben der Religionen. Geistesforschung ist bitternötig. Sie zu betreiben und die Ergebnisse in das Bewusstsein zu tragen, ist die eigentliche Aufgabe der Religionen. Die Vielfalt der Menschen mag die Vielfalt der Religionen rechtfertigen. Ihr Wissen dürfen sie niemals als Macht begreifen.

Macht begrenzt das Wissen und hat in dieser Fakultät keine Aufgabe. Sie ist das Gegenteil von Liebe. Kampf der Religionen um irdische Macht ist ein Bruch mit der Nächstenliebe. Warum sollen sich Menschen mit Religionen identifizieren? Religion als Grundlage einer Identität ist in sich gegen die Religionsfreiheit gerichtet. Sie setzt dem freien Denken Grenzen. Jesus hat sie überwunden und fordert: Liebet eure Feinde. [7] Sein Blick war in Zukunft gerichtet. Identität als Deutscher, Christ, Muslim oder Buddhist, Schwarzer oder Weißer usw. ist bequem, aber im Grunde obsolet. Wir dürfen uns nicht darin festlegen lassen. Immer wieder wurden Menschen auf diese Weise gegeneinander ausgespielt und missbraucht.

Religionen sollen dienend, eine Quelle der Weisheit sein und geistige Ströme, Zusammenhänge bewusst machen. In unserer wahren Identität sind wir Menschen der Schöpfung. Ihr sollen wir uns hingeben, nicht den egoistischen Machthabern. Machtstreben stört diese Identifikation.

---

[7] Neue Schrift, Matthäus 5, 44

Im demokratischen Empfinden wird Macht durch Mehrheiten legalisiert. Wenn wir die Freiheit der Religionen wollen, müssen wir sie außerhalb von Machteinflüssen ansiedeln, dürfen ihnen aber auch keine Macht einräumen. Religiöse Identität schädigt die Demokratie. Doch nur in der ist die Religionsfreiheit gesichert.

Damit sind den Religionen Aufgaben zugeordnet und Grenzen gesetzt. Sie sollen sich theologisch darstellen, Erkenntnis-Diskussionen pflegen. Spiritualität ist ein Thema. Und weil wir mit Empfindungen, Wahrnehmungen, Bedürfnissen, Fähigkeiten und Neigungen so vielfältig ausgestattet sind, finden auch viele Religionen ihre Berechtigung. Erst wenn die sich gegenseitig in ihrer Vielfalt anerkennen, ist ein Dialog möglich, der die Ethik befruchtet. Verhaltens-Empfehlungen oder gar Vorschriften müssen auf die Spiritualität begrenzt bleiben. Religiöse Verhaltensvorschriften dürfen niemals über dem Grundgesetz stehen. Als festgeschriebene Ethik ist dieses der Schöpfung verpflichtet und hat im Gegenzug den Religionen alle vertretbaren Freiheiten einzuräumen.

Mit der Last des Wissens wurden wir aus dem Paradies des naiven Unwissens vertrieben. In der Lust auf Wissen finden wir Antworten. Jede legt uns höhere Verantwortung auf und stellt neue Fragen. Die Ethik bedarf der fürsorgenden Pflege und Fortschreibung als kulturelles Gut. Die Juden haben mit ihrem Talmud ein beeindruckendes Beispiel gesetzt. Die erlösenden Antworten werden wir in der Verantwortung für die Schöpfung und in der Liebe rechtfertigen können. In diesem Ziel dürfen wir unsere Identität ansiedeln.

Das Bewusstsein als Summe des Wissens muss ethisch ausgestattet werden. Die Anthroposophen sprechen von einer Bewusstseinsseele. Deren Gestaltung baut auf unseren freien Entscheidungen. Zwang, Gesetze und Vorschriften verdünnen das Gewissen. Das Vergehen soll nicht aus Angst vor Strafe unterbleiben. Die Entscheidung soll dem moralisch geprägten Bewusstseins, der Bewusstseinsseele, der verinnerlichten Nächstenliebe folgen. Dann hat das Geschehen die Substanz, die sich positiv als Kraft in die geistige Welt einbringt und aus ihr in das Irdische wieder hinein wirkt.

Die erlösenden Antworten

finden wir im Einklang

mit der Schöpfung

und in der Liebe.

In diesem Haus dürfen wir

unsere Identität ansiedeln.

Der Sündenfall

ist ein

Schöpfungsakt

in der

Menschwerdung.

DER MENSCH

Kein Urteil soll mir die Sinne
zerreden bevor ich beginne.
Ich will es tun, Tag für Tag:
Mutig schreiten,
auf Berge steigen,
Ziele mit Bildern hellen,
Taten vor Zweifel stellen,
in der Schwäche Antrieb finden
und Kraft zu überwinden.[8]

---

[8] Nach einem Text von Albertus Magnus. 1193-1280

*

Der Mensch ist Körper, Seele und Geist. Von der Zeugung bis zum Tod ist er unbestreitbar Materie. Allerdings nicht nur!

Die Seele als Haus der Gefühle, die Freude und das Leid erleben wir täglich, zumal sie auf den Stoffwechsel des Leibes einwirkt.

Wie können wir den Menschengeist wahrnehmen? Es ist wie im Wald, den man vor Bäumen nicht sehen kann. Wir leben ihn. Wie könnten wir je den freien Willen entwickeln, wenn es den Menschengeist nicht gäbe?

Unsere Ziele, wenn sie nicht triebhaft sind, sind Kinder des Geistes. Der strukturiert mit seinem freien Willen die Seele und die wirkt auf den Stoffwechsel des Leibes. Das ist vereinfacht dargestellt. Natürlich gibt es in diesem Dreieck Querverbindungen und Wechselwirkungen. Rückkopplungen hinterfragen, kontrollieren und bestätigen die Wirkkräfte.

Niemand hindert uns, sich in diesem Dreieck zu beobachten und dabei näher zu kommen. Wir lernen, uns und andere besser zu verstehen.

*

Den Sündenfall dürfen wir als einen Schöpfungsakt verstehen. In ihrer Menschwerdung überwanden Adam und Eva ihr instinktives Tun und wagten zum ersten Mal nach ihrem freien Willen zu handeln. Sie aßen vom Baum der Erkenntnis, was auch ihre Verantwortung herbei beschwor. „Da sprach der Herr, nun ist der Mensch geworden wie einer von uns: wissend um Gut und Böse." [9] Die naive Unschuld geht im Wissen um Gut und Böse verloren.

Der freie Wille als Merkmal des Menschseins stellt uns vor die Wahl von richtigen und falschen Entscheidungen. Mit dem Wissen um die Folgen unseres Tuns wird das Gewissen geprägt. Wir haben das Paradies verlassen, weil uns mit dem Wissen auch die zugehörige Verantwortung zukommt.

Die Schöpfung folgt dem Prinzip der Belohnung. Der Gottesgeist will nicht strafen, schon gar nicht rächen, sondern korrigieren. Das Resultat ist ein Lernprozess oder eine Selektion. Auch die Mutation ist diesem Prinzip unterworfen. Die Schöpfung soll voranschreiten. Dabei gestaltet die Kraft unseres Glaubens mit.

Je mehr diese Kraft und das Wissen des Menschen gestaltend wirken, umso mehr muss er sein eigenes Werden behüten und pflegen. Heute stehen wir in einer Zeitenwende. Der Mensch

---

[9] Alte Schrift, Genesis 3,22

hat sich mit seinem Wissen Möglichkeiten geschaffen, die ihm erlauben, sein eigenes Werden zu gestalten. Das Wissen um diese Macht und deren Verständnis, der Umgang mit ihr bestimmt das Geschehen. Unsere Verantwortung ist unvermeidbar.

Körper, Seele und Geist sind das Dreieck, in dem die Kräfte ineinander strömen. Der Körper oder Leib mit seinem Stoffwechsel ist das Feld, auf dem die Früchte des Geistes gedeihen. Durch ihre Verinnerlichung geben sie der Seele Substanz. Die wird als Frucht des Lebens in die jenseitige Welt getragen und hat Einfluss auf den Leib und seinen Stoffwechsel. Viele Krankheiten, erdenklich alle können in diesem Zusammenhang betrachtet und analysiert werden. Dafür steht die anthroposophische Medizin als Beispiel. [10]

Wir haben auch für die Beziehung zu Gott eine Verantwortung zu tragen. Selbst wenn wir ihn leugnen – an die Menschen müssen wir glauben. Darauf kommt es an. Wir sind soziale Wesen. Unsere Sozialität mag stärker oder schwächer ausgeprägt sein, ohne sie geht es nicht. Wir nehmen den anderen wahr, unterscheiden dabei nicht, ob er an Gott glaubt oder nicht. Wir empfinden ihn mit unseren Gefühlen. Und siehe da, schon sind wir berichtigt. Denn im anderen Menschen fühlen wir auch dessen Glauben an Gott. Sein Gottesbild ist Teil seines Wesens, das der Atheist akzeptieren muss. Man kann die Existenz Gottes leugnen, aber die Götter der Mitmenschen bleiben.

---

[10] Bücher der Ärztin und Autorin Michaela Glöckler

In der Vielfalt menschlicher Wahrnehmungen rutscht hier der singuläre (vollkommene) Gott in das Plural. Es liegt an unserer Unvollkommenheit. Als Vollkommene wären wir freilich keine Menschen, sondern Wesen, die wir wegen unserer Unzulänglichkeit nicht erklären können.

Das Unübertreffliche lässt sich nur singulär darstellen. Der Monotheismus erklärt sich durch die Vollkommenheit Gottes. Nur als Vollendete könnten wir sie wahrnehmen. „Wär nicht das Auge sonnenhaft, die Sonne könnt es nie erblicken." [11]

Es stellt sich die Frage nach dem Ich, dem Selbst, der wahren und nicht der bequemen Identität. Meine bequeme Identität bildet mich nur in Fragmenten ab. Da bin ich Fußballfan, Deutscher, Katholik, Protestant oder Muslim. Diese Identitäten stellen fest und bestätigen mich. Sie sind bequem, weil ich sie annehmen oder verwerfen kann, ohne mich zu verändern.

Die wahre Identität stellt sich fordernd und zugleich als Hindernis dar. Mühsam ist es, sie zumindest in Fragmenten erkennen. Die Anthroposophie hilft dem, der sich aufgrund seiner Konditionierung auf sie einlassen kann. Andere werden ihre Antworten auf anderen Wegen finden. Erkenntnisse müssen erlebt werden. Rudolf Steiner, der Begründer der Anthroposophie, hat immer wieder darauf hingewiesen. Unsere innerste Identität beschreibt den Zustand, den wir in unserem Werden erreicht haben. Sie ist die Bestandsaufnahme erreichter und unerreichter Ziele. In Unvollkommenheit befangen bleibt es

---

[11] Goethe

uns unmöglich, ein lückenfreies Bild zu erkennen. Wir betrachten unseren Leib und finden, was vertraut erscheint. Der Geist kann sich innerhalb seiner Begrenzung erkennen. Die Seele offenbart sich nur teilweise in wahrnehmbaren Gefühlen. Anderes wirkt als Seelenkraft in die jenseitige Welt hinein.

Unseren Wünschen und Zielen stehen Körper, Geist und Seele oft genug entgegen. Auch deshalb bleibt das Bild unvollständig. Wir versuchen, uns mit den Augen des Mitmenschen zu erkennen. Der nimmt uns zielführend als Ganzheit wahr und ist dem Gesamtbild näher. Der eigenen Unvollkommenheit entgehen wir dabei nicht. Wir werden unseren Mitmenschen in vielen Facetten erscheinen. Wenn ich mich mit den Augen des Zeitgenossen zu sehen versuche, erkenne ich mich eben auch nur mit der Unvollkommenheit. Wir kommen uns zwar näher, doch nicht nahe genug, weil die eigenen Bedürfnisse und Wünsche noch stören.

Stören sie wirklich? Sind sie nicht auch die Krücken, mit denen wir uns näher kommen können? Sind es nicht gerade die angeborenen Begabungen, die uns gangbare Wege weisen und die Bedürfnisse, die uns leiten oder als Lebensaufgaben gelöst oder überwunden werden sollen.

Es ist eine Überheblichkeit des Menschen und zugleich eine falsche Bescheidenheit, wenn er sich als „Krone der Schöpfung" bezeichnet. Wir sind weder vollkommen, noch können wir ahnen, welche Ziele uns auf unerschlossenen Wegen erwarten. So kommen wir unserer wahren innersten Identität näher. Wir dürfen sie auch zur Empfindung verinnerlichtes Bewusstsein oder Seele nennen. Wir sind die unvollkommenen und gleichwohl ausgewählten Geschöpfe. In der Wahrnehmung unserer Seele erkennen wir Gottes Nähe ebenso wie unsere Zerrissenheit. Es ist nicht immer bequem und dennoch heilsam, sich wahrzunehmen.

Zuweilen ist es auch ein Abenteuer.

Unsere freien

Entscheidungen

und das Tun

aus freiem Willen

sind die Bausteine

unserer Seele.

Es ist eine Überheblichkeit des Menschen

und zugleich eine falsche Bescheidenheit,

wenn er sich als „Krone der Schöpfung" bezeichnet.

Wir sind weder vollkommen,

noch können wir ahnen,

welche Ziele uns auf

unerschlossenen Wegen erwarten.

DIE KRAFT DES GLAUBENS

Hintergründe geben
den Dingen ihre Bedeutung.
Befindlichkeiten spiegeln
die Seele in wechselnden Farben.
Das Ziel irrt in der Vielfalt.
Der Suchende findet
es im einsamen Licht.
Das Leben ist unser Weg des Werdens,
auf dem wir Trost finden.

*

Die Menschen glauben oder glauben nicht an Gott. Keiner glaubt gar nichts, weil der Atheismus eben auch ein Glaube ist. „Glaube heißt, nichts wissen", sagt der Volksmund. Doch so einfach ist es nicht.

Christliche Gemeinschaften, besonders die Katholiken, sprechen vom „Geheimnis des Glaubens" und versäumen dabei, sich dazu ausführlich zu äußern. So bleibt das Mysterium unberührt, mit dem sich ungezählte Psychologen in Büchern und Vorträgen auseinandersetzen. Gemeint ist die Kraft des Glaubens, die niemand erklären kann und trotzdem erkennbar ist, wie die Massenanziehungskraft in der Physik, heilsam und gefährlich, weil neben dem Glauben an das Positive auch der Glauben an das Negative kraftet.

„Der Glaube kann Berge versetzen", sagt das Sprichwort. Die Kraft des Glaubens wird in der Literatur vielfältig beschrieben. Der berühmte Joseph Murphy hat sie auf der autosuggestiven Ebene bearbeitet. Selbst bei dem bieder frömmelnden Joseph Prince finden sich in seinem Bestseller „Die Kraft des richtigen Glaubens" [12] folgende Zitate: *„Wenn du ändern kannst, was du*

---

[12] 2013 Grace today Verlag, Schotten

glaubst, kannst du dein Leben verändern", *„Was du glaubst bestimmt alles"* oder *„Was du glaubst hat Macht"*. Diese Beispiele weisen darauf hin, dass unser Glaube eine gestaltende Kraft ist. Sie ist in uns hinein geboren und wird gestärkt, wenn er dazu noch mit einer intensiven bildhaften Vorstellung einher kommt. Jesus sagte: „Alles ist möglich, dem der vertraut". Auch Paulus beschwört die Wirkung des Vertrauens ausführlich. [13]

*

Der Zeitgeist und die Kraft des Glaubens wirken aus der jenseitigen geistigen Welt. Dort werden die Inkarnationen der Neugeborenen konditioniert. Diese Konditionierung kann Begabung oder Behinderung sein, aber auch Krankheit oder eine andere negative Strömung. Aus ihr kommt nicht nur unser Gewissen, das Gute und Positive, welches Menschen in die jenseitige Welt hineingetragen haben, sondern auch das Negative, das im irdischen Leben geläutert und zum Guten verwandelt werden soll. Wir Menschen können auf unserem irdischen Weg den Lauf der Dinge beeinflussen. Dabei geht es nicht um Schuld, Sühne, Buße und Reue, sondern um die positive Fortschreibung der Schöpfung.

Wir beteiligen uns an der Schöpfung mit dem, was wir aus freiem Willen tun, entscheiden und glauben. Unsere Entscheidungen und unser Tun aus freiem Willen sind die Bausteine unse-

---

[13] Neue Schrift, Brief an die Hebräer 11

rer Seele. Durch Verinnerlichung wird sie geformt und zum festen Glauben geführt. Der Glaube birgt die geheimnisvolle Kraft, deren Wirkung im Verbund mit bildhaften Vorstellungen verstärkt wird.

Der Mensch ist Acker.

Erfahrungen sind die Saat.

Im Leben liegt Werden.

Die Seele ist Frucht.

DAS LEBEN

Nicht ohne Sehnsucht
kann die Liebe,
das Glück
nicht ohne Werden bleiben.

*

A uch das Leben ist ein Mysterium. „Seinen Sinn werden wir zwischen zwei Buchdeckeln nicht finden." [14] Um uns anzunähern, soll auch hier nur das Wahrnehmbare erfasst sein. Das irdische Leben setzt Raum und Zeit voraus. Physikalische Parameter, die nur im Verbund mit dem mystischen Licht erklärt werden können. Raum und Zeit werden in Einsteins Relativitätstheorie anhand der konstanten Lichtgeschwindigkeit [15] definiert.

*

Ein Ei wird befruchtet, ein Fötus wächst heran, wird hinaus gepresst in die Kälte und das Licht, gefüttert, gepflegt und mit Erwartungen beladen. – Wann sind wir Mensch geworden? Wie haben wir zu unserer Identität, zu unserem Ich gefunden? Es ist ja noch drollig, wenn Kinder vor der Entdeckung des eigenen Ich von sich selbst wie von einem Dritten sprechen.

---

[14] Karl Friedrich Schaller, Theologe und Pfarrer
[15] Bei Einstein ist c = Lichtgeschwindigkeit

„Bubi will trinken." Wie viel selbstständiger und bewusster klingt „Ich will trinken"? Das ist fortschreitende Entwicklung, ein Werden. Wir dürfen uns bewusst machen, dass ein Geschöpf nicht nur das ist, was es im Augenblick gerade darstellt, sondern auch das, was daraus wird oder werden kann.

Das Kind entdeckt sein Ich und aus Erfahrung wissen wir, der Mensch wird ein Leben lang suchen, um es zu verstehen. Wir sind kein Zufallsprodukt aus der Umwelt und den Genen unserer Eltern. Wir können unser Ich auch nicht in dieser materiellen Welt bewahren, indem wir uns klonen lassen. Die menschlichen Wesen sind einsame Unikate in unermesslicher Vielfalt.

Die Mannigfaltigkeit der Menschen zeigt: Wir sind mit einer einmaligen Individualität ausgestattet. Als Zufallsprodukt bleiben wir unverständlich.

Indem wir uns mit dem Geist ergreifen, annehmen, mit dem Körper und in der Seele erfahren, wird unsere Inkarnation fortgesetzt. Dann stehen wir im Einklang mit uns selbst und fühlen uns bereit, dem Werden entgegenzugehen.

Das Leben ist mehr als Dasein, Erfahren und annehmen, es ist auch Begreifen und Bewusstmachen. Jede Erfahrung, mag sie Freude oder Schmerz bereiten, fließt in die Seele als Anteil des Werdens, der Schöpfung zu.

Das Leben ist unsere Wanderschaft in die geistige Welt, von der wir kommen und zu der wir unser irdisches Werden als die Früchte unseres Erdenlebens heimtragen. Es rettet uns vor der zeitlosen Erstarrung. Es ist die Herausforderung, in der wir den Dingen begegnen und entscheiden müssen, wie wir damit umgehen, ein Spiel mit Behinderung. Unabhängig von unserer emotionalen Sozialität sollen wir das Geschehen geistig bestimmen und verinnerlicht wieder dem sozialen Empfinden zuführen. Das ist unbequem und darf uns freilich nicht überfordern. Misserfolge führen dazu, dass sich die Dinge wiederholen und wir das innere Déjà-vu-Erlebnis erfahren.

Wichtigste Funktion des Lebens ist die Veränderung, das Wachsende und Werdende. Ohne diese ist alles tot.

Der Mensch ist Acker. Erfahrungen sind die Saat. Im Leben liegt Werden. Die Seele ist Frucht.

In ihrer Unendlichkeit

liegt die Faszination der Wege.

Wo sich die Ziele noch verbergen,

werden sie sich auf der Reise zeigen.

GEISTER

In Wünschen gefangen
Not, Bedürfnissen und Begabungen
suche ich die Freiheit
mich selbst zu sein.

*

„Gott ist Geist, und die ihn anbeten, sollen ihn im Geist und in der Wahrheit anbeten." [16] Der wahre Gott ist vollkommen. Das Chaos der Naturgeister hat er durch seine Vollkommenheit überwunden. Die Vielgötterei ist von den Naturgeistern geprägt. Da ist das Chaos in der geistigen Welt noch nicht geordnet.

Nach vorausgegangenen misslungenen Versuchen hat das Christentum dem Monotheismus weltweite Gültigkeit verschafft. In ihm sahen sich die Juden noch als Auserwählte. Nun wurde der einzig wahre vollkommene Gottesgeist vom Menschengeist bestätigt. Für uns Menschen ist die Welt zu kompliziert. Deshalb finden wir die Vollkommenheit in keinem anderen Wesen als im Geist des einzig wahren Gottes.

Naturgeister offenbaren sich zuvorderst im Selbsterhaltungstrieb und Fortpflanzungstrieb. Ungezügelt neigt die Natur zur maßlosen Reproduktion und entlässt das Überflüssige in die Gleichgültigkeit oder in die Nahrungskette. In der Vielfalt kann aus dem Guten das Beste wachsen. In dieser Gesetzmäßigkeit ist alles Leben gediehen. Dieses Ur-Gesetz hat weder Moral

---

[16] Neue Schrift, Joh. 4,23-24

noch ein gestecktes Ziel. Es ist allgültig und stellt sich der Schöpfung unterordnend zur Verfügung. Dort herrscht der übergeordnete Geist.

Der bewusste Mensch kann in dieses Geschehen eingreifen. „Lass uns Menschen machen nach unserem Bild. (…) Sie sollen beherrschen alles, was sich regt auf der Erde". [17] Deshalb muss der Mensch sein Bewusstsein mit gutem Willen und Wissen gestalten, sich kultivieren, befähigen, dem Auftrag nachzukommen. Nur in dem Maße, wie wir der Vollendung näher kommen und dabei sehend werden, können wir auch die Vollkommenheit, die Wahrheit erkennen.

*

Wir neigen dazu, das Unbekannte zu personalisieren, um es handlich zu machen. Gute Wirkkräfte aus der geistigen Welt werden als Engel dienlich, und weil es auch negative Kräfte gibt, sehen wir gefallene Engel, die Teufel. Diese Lösung ist gut im Umgang mit den Guten. Geister gibt es, weil Menschen an sie glauben. Auch hier hat der Glaube Gestaltungskraft. Man kann den positiven Kräften Namen und Gestalt geben. Bei den Negativen (Teufeln) sollten wir freilich bildhafte und sinnbildliche Vorstellungen vermeiden, weil die halt auch deren Wirkkraft stärken. Die Widersacher stören das Gute im fügsamen Werden.

---

[17] Anfänge 1, 26-31

Strafe, Hass, Buße oder gar Rache sind Elemente der Macht und keine Themen in der geistigen Welt.

Die Engel sind Gottes Geister und werden oft als seine Boten bezeichnet. Die zentrale Botschaft steht freilich in unserem Gewissen, dem verinnerlichten Wissen um Gut und Böse. Wir können der Schöpfung dienen. Dann sind wir ausgeglichen. Dann ist es auch gut, wenn es zuweilen verzichten heißt. Mit den Entscheidungen gegen unser Gewissen drängen wir die Schöpfung von ihrem heilsbringenden Weg ab. Sie wird versuchen zu korrigieren. Wenn das nicht fruchtet, wird sie rebellieren. Auch unser Gewissen will uns in den Einklang mit der Schöpfung bringen. Die ist eine mächtige Kraft, und das Wirken ist allumfassend. Wir sehen an allen Ecken und Enden, wie sie versucht zu korrigieren. Klima, Flora und Fauna sprechen ihre Sprachen. Die Menschen gehen auf die Straße, andere flüchten. Wer diese Sprachen nicht verstehen will, zwingt die Schöpfung zur Rebellion. Dann werden globale Katastrophen auf den Punkt zurücksetzen, wo ein neuer Beginn möglich ist. Die Schöpfung lässt sich nicht vergewaltigen. Sie wird sich in der ihr eigenen Gesetzmäßigkeit retten. Am Ende steht Mephisto mit der Einsicht: „Ich bin die Kraft, die stets das Böse will und stets das Gute schafft", [18] als mahnendes geistiges Beispiel. Der Menschengeist schafft das Gute, weil ihm am Ende kein anderer Weg bleibt. Irrtümer bezahlen wir mit menschlichem Leiden.

Geister sind natürlich auch die angeborenen menschlichen Bedürfnisse. Angemessen werden sie zu Engeln, ungezügelt zu

---

[18] Goethe, Faust 1

bösen Kräften. In dieser Erwägung nehmen wir Maß, um mit ihnen umzugehen. Die angeborenen, aus der geistigen Welt kommenden Bedürfnisse sind deren Sprache. Sie zeigen zunächst nicht Mangel oder Überfluss an, sondern das Thema, welches im Leben bearbeitet werden soll. Hier geht es darum, die Begabungen und Bedürfnisse von uns und der Mitmenschen wahrzunehmen.

Die Selbsterhaltung spielt eine besondere Rolle. Sie ist ein grundlegender Bedarf. Wir sprechen vom Selbsterhaltungstrieb. Dies ist abzuwägen an der Einsicht, dass mit dem Leben auch das irdische Werden sein Ende findet. Selbsterhaltung ist eine Voraussetzung unseres Werdens als Teil der Schöpfung. Unser Bedarf nach Gemeinschaft fördert Solidarität und Hingabe, der angemessene Drang, sich zu bewahren, ist positiver Egoismus.

Ungezügelte Bedürfnisse nennen wir zu Recht auch Triebe, weil sie die Menschen treiben.

*

Auf der naiven Ebene (in der heilen Welt) erscheinen uns die Geister als Engel oder Teufel. Negativ wirkende Kräfte stören und zersetzen. Kinder können das oft nicht unterscheiden. Sie bauen sich ihre eigene „heile Welt", weil sie die für ihre Entwicklung brauchen. Sie klammern sich zuweilen daran, auch wenn sie Unheil war und verteidigen sie dann noch, indem sie als Erwachsene Verbrechen begehen, unter denen sie selbst gelitten haben. Wir sehen, wie sich Störungen entwickeln können, und wie die wirklich heile Welt zur positiven Entwicklung der Kinder beiträgt.

In der heilen Welt werden Ideale geweckt, ohne die unsere Gesellschaft zerbräche. Die Ideale, der Glaube an das Gute, sind der Schöpfung förderlich. Sie entwickeln gerade im jugendlichen Alter Gestaltungskraft. „Lasst der Jugend ihre Ideale", sagte Albert Schweitzer.

Reduziert auf Brot und Spiele wird unsere Kultur niedergehen. Wir brauchen Ideale, an denen wir wachsen können. Sie kommen aus dem Bedürfnis nach freier und humaner Selbstgestaltung, die befriedigt und beglückt, freilich auch einsam machen kann. Im besten Fall durchdringen wir die archaischen Wirkkräfte der Naturgeister mit unserem Geist, unterwerfen sie der vernünftigen Moral und verinnerlichen sie, führen sie der Seele zu.

Das ist Seelen-Werden. Bei der Sexualität bedeutet das nicht Verzicht oder Zölibat, sondern tiefgründige Gestaltung.

Jede unserer Entscheidungen aus freiem Willen fließt als Substanz in die Seele.

Wir sind soziale Wesen. In der Not müssen wir mit dem Nachbarn teilen. Der wird uns in der Verzweiflung trösten, bei Krankheit heilen, aus der Einsamkeit retten, bei Gefahr schützen. Wir dürfen ihn nicht preisgeben, weil wir ihn auch brauchen, sagt uns die Vernunft. Wenn es uns eine Befriedigung ist zu helfen, dann lenkt uns die Liebe, in der wir Gott nahe sind.

*

Macht nimmt eine besondere Stellung auf der Skala unserer Wünsche ein. In der zukünftigen Welt wird sie obsolet, weil sie durch nützliche Entscheidungen aus vernünftigen Einsichten ersetzt werden muss. Darin liegt unser eigentliches Bedürfnis.

Die Macht ist ein Hilfsmittel. Zu oft wird sie missbraucht, um egoistische Ziele zu erreichen. In ihrer Ausübung wird gestaltet und geschaffen. Das verschafft den Mächtigen Befriedigung. Dabei werden auch die schlimmsten Verbrechen begangen und das tiefste Leid ausgeschüttet. Da wird die Befriedigung satanisch. Egoismus im Verbund mit Macht ist tödlich. „Ich zuerst" lässt sich nur durchhalten, bis man alleine und dann der Letzte ist.

Mit der Liebe Gottes ist die irdische Macht nicht im Bunde. „Weiche Satan", sagte Jesus. [19] Er hielt der Versuchung stand, als der Widersacher wollte, dass er ihn anbete (an ihn glaube). Dieser Teufel wusste um die Kraft, die der Glaube verleiht.

Dennoch ist Macht eine unbewältigte Versuchung. Jeder findet sie schlecht, wenn er ihr unterworfen ist, und jeder gut, wenn er sie ausüben kann. Macht ist an sich kein Bedürfnis. In totaler Freiheit kann der Wille die Seelen gestalten. Und nur wenn wir mit Überzeugung die Moral und Ethik mit unserem freien Willen einbringen, werden die auch unseren Seelen Substanz ge-

---

[19] Neue Schrift, Matthäus 4,8-10

ben. Diese wirkt aus der geistigen Welt heraus auf unseren mächtigen Zeitgeist ein.

Auch die demokratisch legitimierte Macht unterwirft, ist ein Joch, welches freie Entscheidungen und damit seelisches Werden behindert. Als Demokraten werden wir das Joch tragen, solange nützliche Entscheidungen nach vernünftigen Einsichten aus demokratischen Prozessen erstehen. Die Mehrheit entscheidet und übernimmt die Verantwortung. Das ist vernünftig in der Einsicht, dass wir keine vollkommenen Geschöpfe sind.

In dieser Überlegung finden wir, dass jeder persönliche Machtanspruch immer auch die Ambition auf Vollkommenheit, zumindest Überlegenheit in sich trägt.

Machtstrategen leiten den Anspruch auf Macht von der Unzulänglichkeit ihrer Mitmenschen ab. Da wurde von Religionen Jahrhunderte lang der sündige Mensch angeführt.

Eine rechtsgerichtete politische Partei in Deutschland „glaubt nicht an die „Heraufkunft" eines neuen besseren Menschen." Sie bestreitet den Fortgang der Schöpfung. Solche Menschen erhöhen sich über andere, um so die Notwendigkeit eines Führers oder einer Führerriege zu rechtfertigen. In der Ausübung von Macht spüren sie sich erhaben. In diesem Gefühl lebt der ausgeprägte Egoismus oft mit narzisstischen Zügen. Das liegt jenseits von Liebe und Sozialität, wo der liebende Mensch Verantwortung trägt und dient.

Der Liebende braucht keine Macht.

*

Gewalt ist die Anwendung reiner egoistischer Macht. Wir unterscheiden zwischen der direkten und der subtilen Gewalt.

Die Waffengewalt ist nicht überwunden. Die Wirkung von Kernwaffen wird heute begrenzt, um deren Einsatz im Zusammenspiel mit massiver Feindpropaganda besser rechtfertigen zu können. Das ist pervers.

Die direkte Gewalt stützt sie sich auf Abhängigkeiten. Das Elend dieser Welt wird in Ausübung der Macht über Abhängige geschaffen. Kleine Staaten werden durch Bedrohung zum Wohlverhalten gezwungen. Andere nutzen ihre wirtschaftliche Macht zu Boykott oder Sanktionen. Das geht bis in die unteren Regionen, wo Unternehmen die Kommunen mit Ansiedlung oder Abzug von Produktionsbetrieben erpressen. Auch sogenannte Entwicklungshilfe für Drittländer hat in der zweiten Hälfte des zwanzigsten Jahrhunderts Millionen Menschen ins Elend gestürzt. Dabei wurden Regierungen bestochen, um an wertvolle Rohstoffe zu kommen. Zur Maximierung von Gewinnen werden heute Arbeitskräfte mit geringster Entlohnung in Abhängigkeit gesetzt und versklavt. In hoch industrialisierten Ländern wird Zeitarbeitern die Festanstellung verweigert, um sie gefügig zu machen und auf niedrigem Lohn zu halten. Dringend notwendige Investitionen in die Zukunft werden zurückgestellt, um vorher schnell noch die Gewinne aus den vorhandenen Möglichkeiten mitzunehmen. Am Umgang mit den Flüchtlingsströmen sehen wir beispielhaft, dass die übelsten Folgen der Gewalt nicht mit den Verursachern abgerechnet werden. Die Angst ist das Werkzeug des Mächtigen. Sie macht abhängig und frisst die Seelen auf. Das sind auch die Seelen, die dem gedeihlichen Werden, der positiven Kräftigung in der geistigen Welt fehlen werden. Wenn es überhaupt verdammte Menschen auf dieser Erde gibt, dann sind es die, die Angst verbreiten und benutzen. Gemeint sind auch die Zukunftsängste als Mittel, um die Seelen zu vergewaltigen.

Gerade hier ist zu beklagen, dass unsere Zukunft, die des Planeten, viel zu sehr von den Entscheidungen der reichen Mächtigen, also von psychisch kranken asozialen Menschen, abhängt.

Die subtile Gewalt stützt sich auf die Anerkennung falscher Werte und ist auf ihrer dunklen Seite nicht weniger gefährlich. Von dort zieht ein weiter Bogen mit fließenden Grenzen hin zur heilenden Anerkennung. Die Gewalt der Propaganda wird mit immer raffinierteren Methoden eingesetzt, um die Menschen zu manipulieren. Die Akteure nennen es motivieren. Da wird mit Wollust getäuscht, gelogen und betrogen. Die perfekte Lüge ist die Wahrheit, wenn sie in unglaubwürdigem Gewand daher kommt. Wir erkennen einen weitgespannten Bogen. Auf der dunklen Seite wird ausgegrenzt, diffamiert, lächerlich gemacht. Dazwischen steht die sachliche Kritik, die schon Anerkennung birgt. Und am hellen Ende finden wir die uneingeschränkte Bestätigung und das Lob.

Natürlich könnte hier auch auf manipulierende Werbung eingegangen werden. Doch deren Absicht ist klar und jedem erkennbar.

Viel gefährlicher ist die Manipulation mit falschen Werten. Es tobt ein Krieg zwischen Arm und Reich. Die Reichen wissen ihre Macht zu nutzen, um Macht zu mehren, noch mehr Abhängigkeiten zu schaffen. Im Grunde ist es ein schlechter Witz. Bei gründlicher Analyse sehen wir, die meisten reichen Menschen sind nicht sozialisierbar, also psychisch krank. Sie üben Gewalt aus, um krankhaft übersteigerte Bedürfnisse zu befriedigen. Wir quittieren es viel zu oft mit unangebrachter Anerkennung. Das ist abartig. Die wahren reellen Werte unserer Gesellschaft müssen erkannt und formuliert werden. Reichtum ist im Sinne der Schöpfung bedeutungslos. Ökonomisch ist er die Ursache der Armut.

Auch das künstlerische Schaffen muss im täglichen Leben seinen Platz und Anerkennung finden. „Die Kunst ist geistige Sprache." [20] Sie gestaltet die Seele, hat Berechtigung und Beachtung verdient. Dem individuellen Werden der Menschen muss auch in seiner Kreativität Raum und Freiheit gewährt werden. Das Bedürfnis nach dem künstlerischen Schaffen ist eine Botschaft aus der geistigen Welt. Das Kunstwerk braucht keine weltweite Anerkennung. Wenn es aus der Seele kommt, ist es gut.

---

[20] Wassily Kandinsky

*

Das Vertrauen in unsere Regierungen ist ein elementares Bedürfnis. Sie vermittelt Sicherheit, ein Stück der heilen Welt. Beunruhigende Begleiterscheinungen der Corona-Pandemie zeigen, was fehlendes Vertrauen anrichten kann. Politiker zerstören es, wenn sie Nachrichten, Statistiken und Erkenntnisse in eine Form bringen, um Bürger zu manipulieren. Man merkt die Absicht und ist verstimmt. Auch wenn es nicht ausdrücklich im Grundgesetz steht. Das Recht auf Wahrheit ist ein Grundrecht, weil darin die Würde des Menschen erkannt wird. Sie ist ein Zeichen der Wertschätzung. Die redliche Wahrheit kann auch nicht durch „gute Absicht" oder „Sorge um die Folgen" ersetzt werden. Letztere hätte zumeist bei vorausgegangenen Entscheidungen gewichtet werden müssen. Die Würde des Menschen schließt das Recht auf redliche Wahrheit ein. Er wird damit umgehen, Verantworten lernen und verinnerlichen. Auch das ist Gestaltung der Seele.

Wo komplizierte Zusammenhänge nicht überschaubar sind, ist die Kompetenz von anerkannten unabhängigen Fachleuten gefordert. In Gremien werden sie sich gegenseitig kontrollieren und die Kausalitäten in verständliche Sprache bringen. Allemal ist die redliche Wahrheit besser als in manipulierender Absicht vorgetragene Fakten. Solche Gremien müssen freilich vor privater Einflussnahme geschützt sein.

Wertschätzung, Anerkennung für erreichte Ziele bestätigen wir den politischen Kandidaten mit Wählerstimmen. - Ist das so? – Wirklich? - Wie oft verfallen wir bei Stimmabgabe den bequemen Identitäten und stimmen nach tradierten, egoistischen oder auch emotionalen Motiven. Das ist nicht logisch. Diese Gespaltenheit sollten wir überwinden. Wir bezahlen unsere politischen Repräsentanten mit Wählerstimmen. Die sind die falsche Währung, wenn die Resultate nicht stimmen. Nicht die Repräsentanten, sondern die Ergebnisse ihres Votums sind die eigentlichen Anliegen von demokratischen Wahlen. Unsere Anerkennung muss die erreichten Ziele bestätigen. Besondere Vorsicht ist immer geboten, wenn Politiker sich die Zustimmung auf emotionalen Wegen erschleichen wollen. Wir wissen das, haben es dennoch nicht in der Tiefe bewusst gemacht, sonst hätten die Wahlergebnisse andere Farben.

Anerkennung bedarf der Bewusstmachung, um sie vor dem Missbrauch auf der emotionalen Schiene zu schützen. Neben den lebenserhaltenden Bedürfnissen ist sie das Wichtigste. Sie ist Nahrung für die Seele. Wir wollen sie zur Selbstbestätigung erfahren und zur Bestätigung des Mitmenschen leisten? Die erfahrene Anerkennung muss in die Balance zur aktiv geleisteten für den anderen gebracht werden. Sachliche Kritik ist ein Teil davon. Sie soll ausgleichen und nicht polarisieren.

Ja, wir sind zuweilen parteiisch und deshalb manches Mal auch ungerecht. Wir müssen uns klar machen, welche Eigenschaften, welche Ziele wir anerkennen wollen. Was ist gut? Wofür stehe ich, wofür der andere. Das Spektrum reicht vom Leistungsbereiten und Pflichtbewussten bis zum seelisch defekten Narzissten. Bedürfnisse müssen immer gegen die unserer Mitmenschen abgewogen werden, um falsche Weichenstellungen zu korrigieren. Mit Anerkennung werden wir in positiver wie negativer Richtung motiviert. Weil es auf der emotionalen Schiene geschieht, ist Missbrauch möglich und nicht selten.

Unsere Anerkennung ist freilich eines der wirksamsten und wichtigsten legalen Gestaltungsinstrumente, mit denen wir auf unsere Umwelt einwirken. Das gilt in der Familie wie in der großen Gesellschaft. Wo sie auf unredlichen Wegen erschlichen wird, kommt es zu schädlichen Entscheidungen. Es ist eine Unkultur der Politiker, wenn sie redliche Aufklärung und sachliche Argumente durch emotional wirkende Darstellung ersetzen, um damit Anerkennung und Wählerstimmen einzuheimsen. Eigentlich ist es die Aufgabe der Medien, solche Methoden anzuprangern. Wo dies nicht geschieht, müssen engagierte Bürger für Bewusstmachung sorgen.

*

Reichtum ist wie die Macht, kein echtes Bedürfnis, sondern ein Hilfsmittel, dem Missbrauch ausgeliefert. Beide sind die Anerkennung nicht wert. Beide gelten freilich auch als die Parameter, mit denen das Verlangen nach Sicherheit abgedeckt wird. Es gibt dennoch Grenzen, wo das Bedürfnis nach Sicherheit aufhört und die Gier anfängt. In unserer Zeit und in der westlichen Gesellschaft ist dieses Thema aktuell.

Beklemmend ist es, wenn Elemente der Grundversorgung kapitalisiert werden. Gesundheit, Lebensräume und soziale Absicherung müssen aus dem kommerziellen Kreislauf genommen und in die staatliche Obhut geführt werden. Gewinnorientierte, besonders global agierende Unternehmen drängen ganz gezielt in diese Bereiche, um zu erpressen.

Die Kommerzialisierung des Wohnungsbaus hat uns katastrophale Mieterhöhungen beschert. Die Wasserversorgung wird infrage gestellt, um höhere Preise durchzusetzen. Die Privatisierung des Gesundheitswesens wird die Grundversorgung kappen, weil sie sich „nicht rechnet". Wenn wir sie nicht aufhalten, wird uns die Zukunft zeigen, was da wirklich geschieht.

Reichtum ist das Ergebnis von egoistischem, rein gewinnorientiertem Verhalten. Er wird mit Zähnen und Klauen verteidigt. Es geht um unberechtigte Privilegien. Dabei sind die in manipulierender Absicht vorgetragene Fakten oder Halbwahrheiten eine Abwertung der Menschenwürde infolge dessen ein Vergehen am Seelen-Werden. Nichts davon ist ein Grund für Anerkennung.

Wir müssen die Werte der sozialen Gesellschaft formulieren, um sie zu realisieren. Es ist paradox, wenn Reiche reicher werden wollen, um mehr Anerkennung zu finden, und sich Manipulationen als erfolgreiche Aktionen anheften. Unwahrheiten und Halbwahrheiten sind Lügen. Solches Verhalten hat keine Zustimmung verdient.

Die Werte, denen wir zustimmen, sind der Spiegel unserer Gesellschaft, unserer sozialen Kompetenz. Zugleich ist unsere Anerkennung der mächtigste Geist, der unsere Gemeinschaft formt und gestaltet. Man nennt es Zeitgeist und meint die dominierende Kraft, die unser Verhalten, das Geschehen in unserer Zeit bestimmt. Diesen Geist zu qualifizieren und zu leiten ist unsere Aufgabe. Die Werte unserer vielfältigen Gesellschaft finden durch unsere Anerkennung ihre Gestalt, werden so verinnerlicht und der Seele zugeführt. Mächtig werden sie aus der geistigen Welt in das irdische Geschehen einfließen.

In diesen Vorgang müssen wir eingreifen, indem wir positive Werte entwickeln, formulieren und anerkennen. Anerkennung ist das omnipräsente Bedürfnis, dem wir alle nachgeben. So ist es das Motiv, indem wir gelenkt werden, aber auch zu lenken vermögen. In demokratischen Mitteln ist das unsere Macht, mit der wir die Gewalt auf der Straße überwinden. Wir können mit unserer Abstimmung nicht nur Werte bestätigen, sondern auch Neue einbringen. Für den Alltag heißt dies: Die echten Werte müssen bestätigt werden. Mit der Anerkennung unechter setzen wir die falschen Signale und schädigen die Entwicklung.

Reiche Menschen, die korrumpieren und ihren Reichtum als Macht nutzen, sind asoziale Egoisten, die mit Geld egoistische Ziele verfolgen. Die Freiheit der Reichen begrenzt die Freiheit der Armen. Reiche setzen ihr Geld als Macht zum Unglück der Bedürftigen ein. Das ist wahrhaft unsozial und undemokratisch.

Machtanspruch der Reichen führt, sofern er nicht gebrochen wird, zur Diktatur. Die Demokratie ist die einzige Entschuldigung für Macht. Demokratische Entscheidungen stehen dem Anspruch der Reichen entgegen und werden allzu oft durch

Verbreitung von Angst ausgesetzt. Vor Korruption schrecken sie nicht zurück. Dafür haben sie keine Anerkennung verdient.

Angstgeborene Entscheidungen werden frei gewählten Zielen nicht gerecht. Nur unser freier Wille bringt der geistigen Welt die Substanz ein, die Wirkkraft verleiht. So werden Menschen, die sich der Macht fügen müssen, um ihren positiven Einfluss in der spirituellen Welt gebracht. Die Angst trägt als negative Kraft zur Verkrüppelung der Seele bei und wird das Ihrige anrichten. Diese Zusammenhänge haben sich in der Geschichte der Menschheit immer bestätigt. Sie rufen uns auf, die Demokratie zu erneuern. Verschleißerscheinungen, Korruption und Manipulation, die als Lobbyismus getarnt salonfähig gemacht wurden, müssen repariert werden.

Doch nicht nur das, wir stehen mitten in einem Zeitenwechsel, da muss der Wille des Volkes mithilfe der neuen technischen Möglichkeiten auf kürzeren Wegen umgesetzt werden. Der Wille des Bürgers darf nur im zugänglichen Bereich moderiert und muss auch darin verantwortet werden. Ohne öffentliche Verantwortung dürfen keine politischen Entscheidungen getroffen werden. Alles andere ist Missachtung.

In der wirklichen Demokratie gibt es Chancengleichheit, da können sich die Menschen in die Augen sehen; sie haben ihren Platz in der Gesellschaft, können Lebensziele formulieren und erreichen. Sie vereinbaren das Menschsein mit der Würde aller Menschen, sie tragen geistige und seelische Früchte und sind frohen Mutes, weil Armut und Reichtum im Wohlergehen aller ihren angemessenen Ausgleich finden. Arbeit wird nicht nur als angemessener Lohn bezahlt, sondern in der Anerkennung die Würde verleiht. Auch der gebrechliche, zur Leistung nicht fähige hat Würde, weil seine Seelengestaltung ein Beitrag ist im Sinne des positiven Fortganges der Schöpfung. Unsere Anerkennung gibt ihm die Kraft und Geduld, sein Schicksal anzunehmen.

In der Demokratie ist die Vielfalt möglich, die der Schöpfung ein Acker ist. Sie ist ein ganz besonderer Wert. Wir können sie nicht hoch genug schätzen. Nur aus der Vielfalt kann aus dem Guten das Bessere wachsen. In Monokulturen erscheinen die Diktaturen. Früher oder später werden sie zum Stillstand führen. Sie sind die Friedhöfe der Schöpfung. Monokulturen sind gerade auch die Landschaft, in der sich Macht und Reichtum am schnellsten vermehren lassen. Die betrachtend müssen wir die rasende Globalisierung auf den Prüfstand nehmen.

Das monetär messbare Wachstum geht zulasten des alternativen, welches in zufriedenen Menschen gemessen wird.

*

Die nicht angeborenen Bedürfnisse sind die Zutaten des Lebens. Der Seele können sie Bereicherung oder Verarmung zufügen. Oft entsprechen sie den Wertvorstellungen unserer Mitmenschen. Man fühlt sich anerkannt unter Gleichgesinnten und macht sich gleich gesinnt, um anerkannt zu sein. Andere kommen aus der Bequemlichkeit, die auch Egoismus sein kann. Übernommene Bedürfnisse, die auf unser Leben negativ wirken, sind als verfehltes Lebens-Thema zu verstehen. Positiv Wirkende erleben wir in ihrer Erfüllung bereichernd und beglückend. Auch in ihnen liegt das Glück des Werdens.

*

Auf der emotionalen Schiene wirken die Bedürfnisse besonders intensiv. Unseren Emotionen sind wir ausgeliefert, bis wir sie mit dem Geist ergreifen, bilden und vertiefen, durch die Seele als Kraft der geistigen Welt zuführen. Mit deren Kraftwirken auf unsere irdischen Konditionen schließt sich der Kreis, auf dem wir mit jeder Drehung um eine Stufe höher steigen.

Die Liebe ist

göttlich und

unberührbar.

WILLST DU, MENSCH,

DEIN ZIEL MIT DEM GÖTTLICHEN GEIST

VEREINBAREN?

Das ist die Gretchenfrage in unserer Zeit.

Der göttliche Geist steht für Vollkommenheit.

Die mag uns unerreichbar erscheinen.

Dürfen wir sie als Ziel verwerfen?

Es aufzugeben, hieße

sich mit Stückwerk zu begnügen,

um Stückwerk zu bleiben.

IN UNSERER ZEIT

Das künstlerische Schaffen

ist ein Trainingsraum

für Entscheidungen aus freiem Willen.

Diese stärken die geistige Welt.

Es wird uns zunehmend

zum Bedürfnis werden.

*

Die Vorstellung, dass die Schöpfung irgendwann einmal an ihrem Ende angekommen sein könnte, ist ebenso abenteuerlich wie die Absicht, die Unendlichkeit zu beherrschen. Dennoch kann die Welt in ihrem heutigen unvollkommenen Zustand weder dem göttlichen noch dem menschlichen Geist als Endziel unterstellt werden. Wird es den Menschen gelingen, sich und ihr Wirken mit dem Ziel des Göttlichen zu vereinbaren?

*

WILLST DU, MENSCH, DEIN ZIEL MIT DEM GÖTTLICHEN GEIST VEREINBAREN?

Das ist die Gretchenfrage unserer Zeit. Der göttliche Geist steht für die Vollkommenheit. Die mag uns heute unerreichbar erscheinen. Dürfen wir sie als Ziel verwerfen? Es aufzugeben, hieße, sich mit Stückwerk zu begnügen, um Stückwerk zu bleiben. Der göttliche Geist als höchste Instanz hat in der Vergangenheit das Stückwerk nicht zugelassen. Er hätte uns als Halbmenschen auf den Bäumen lassen können. Stattdessen hat er zugelassen, dass der Mensch die Frucht des Wissens aß. Nun wissen wir von unserem Selbst und können dieses Bewusstsein täglich erneuern. Nach den Gesetzen der Schöpfung kann der Fortlauf des Werdens nicht aufgehalten werden, nicht ohne Selbstzerstörung. Nur auf unserem Weg können wir uns dem Sinn des Lebens nähern. Das Glück des Gelingens erwartet uns.

*

„Die Welt ist das Problem, der Mensch ist die Lösung", soll Rudolf Steiner einmal gesagt haben. Da bleiben die Gedanken stehen, um sich zu ordnen. Wie viel Mut braucht es, um dies in so klaren Worten auszusprechen. Welche Last liegt da auf unseren Schultern? Welche Position in der Schöpfung wird uns zugeordnet?

Dürfen wir, die wir ganz normale Menschen sind, diese Last als untragbar zurückweisen?

Ist es vermessen, sie anzunehmen?

„Der Mensch ist das Problem", ist doch täglich zu hören und zu lesen. Müssen wir nicht gerade dann auch die Lösung sein? Wir sind die einzigen Geschöpfe, die an der Schöpfung bewusst mitgestalten können. So gibt uns die Aufgabe Würde, die auch Aufmunterung und Trost ist.

Wir sind aufgefordert, uns dem Gesetz des Werdens zu fügen, uns selbst dem Werden hinzugeben, einzubringen in das fortwährende Geschehen. In der Einsicht, dass es kein Ende hat, zumindest keines, das wir absehen können, wird das Leben, so wir die Aufgabe schultern, zum unvergleichlichen Abenteuer. Da macht es auch Sinn, der Schöpfung zu dienen.

Wir sind die einzigen Geschöpfe, die mit ihren Möglichkeiten sich selbst und alles Leben auslöschen können. Das ist neu in unserer Zeit. In der Vergangenheit wurde uns immer die Chance eines Neubeginnes eingeräumt. Die biblische Sintflut gilt dafür als eindrucksvolles Beispiel.

Das heutige Wissen der Menschheit legt uns die zugehörige Verantwortung auf. Wird uns ein weiterer Neubeginn zugestanden, wenn wir versagen? Wir wissen es nicht.

Die Schöpfung ruft uns, ihren Fortgang zu fördern und uns mit bestem Willen in ihr einzubringen. Da müssen Voraussetzungen geschaffen werden. Die Schöpfung ist ein lebendiges Wesen und braucht den geistigen Lebensraum, in dem sie gedeihen kann. Wir kämpfen gerade darum, unsere physische Umwelt zu schützen und zu heilen. Auch das Geistige und Seelische braucht einen Raum, in dem es gedeihen kann. Ungeister werden auf dieser Erde durch nicht sozialisierte, psychisch kranke Menschen vertreten. Als Unwesen gieren sie nach Geld und Macht. Obwohl alle satt werden könnten, wird der Lebensraum von Unersättlichen zerstört. In ihrer krankhaften Gier merken sie nicht, wie sehr sie anderen und sich selbst schaden. Die Mehrheit aller Menschen darf nicht zulassen, dass einige wenige krankhaft Gierige zerstören, was der Schöpfung zuträglich ist. Dazu gehört:

Schutz der Umwelt, des Klimas und der Vielfalt des Lebens.

Gestaltung, Darstellung und Anerkennung aller ethischen Werte, die der Schöpfung dienen.

Raum für das geistige Leben und Ausübung des freien Willens im alltäglichen und im künstlerischen Schaffen.

Kultur der seelischen Vertiefung und bewussten Seelengestaltung.

Präsenz aller Werte in den Umgangsformen und Verhaltensregeln der Gesellschaft.

Umwelt, Klima und Vielfalt sind bereits Themen unserer Zeit. Dass die Lösungen nur zähflüssig daherkommen, offenbart den Einfluss der Ungeister. Macht, Selbstüberhöhung, Reichtum und Rücksichtslosigkeit setzen sich im Zeitgeist zunehmend durch. Kultivierte Verhaltensregeln verlieren die Anerkennung.

Ethische Werte haben eine beharrliche Grundsubstanz, brauchen gleichwohl fortwährende Anpassung an das Leben und dazu ihre Bestätigung. Selbstverständlich werden sie durch neues und ergänztes Wissen zurechtgerückt oder auch infrage gestellt. Dieses sinnvolle Anpassen bestätigt den freien Willen, gibt dem Menschen Würde und stärkt auf diesem Weg die geistige Welt.

Aus eigener Erkenntnis heraus soll die Entscheidung entstehen. Das Tun aus freiem Willen stärkt die Seele. Im künstlerischen Gestalten wird der freie Wille ertüchtigt. Auch Sport, insbesondere Mannschaftssport, trägt der positiven Gestaltung zu. Unterhaltungsspiele nenne ich hier mit Einschränkung. Viele Spiele-Verlage nehmen es mit ethischer Gestaltung nicht so genau. Kriegsspiele stehen hier als abschreckendes Beispiel. Daneben gibt es viele andere Techniken und Meditationen, die den freien Willen trainieren.

Die Vertiefung und Gestaltung der Seele könnte die Kernaufgabe der Religionen sein. Dazu müssen die freilich den freien Willen zulassen. Die Kirchen müssen begreifen, dass die Menschen unserer Zeit über ihre veralteten klerikalen Vorschriften und Verhaltensnormen hinaus gewachsen sind.

Kirchlich geregelte Sexualität stört den freien Willen, ist wertlos im Sinne der moralischen Seelengestaltung und deshalb der Schöpfung nicht zuträglich. Der auf Zeit begrenzte Zölibat kann wunderbar sein, wenn er ohne Zwang und begrenzt auf Zeit geleistet, aus freiem Willen erneuert wird.

Der Schwangerschaftsabbruch ist gewiss kein Lebensziel und darf nicht leichtfertig erfolgen. Dafür ist das Leben zu wertvoll. Eine Freigabe zur Adoption ist akzeptabler. Doch welcher verantwortungsvolle Mensch hat den Mut, eine junge Frau zum Austragen eines Kindes zu zwingen, zumal es ja auch unter fragwürdigen Umständen gezeugt worden sein kann.

Moralisch wird der moderne Mensch mehr gefordert, als es in einer Agrar-Gesellschaft früherer Zeit der Fall war. Mehr Freiheit und Leistung fordern uns klarere Konturen ab. Da stehen auch Partnerschaften auf dem Prüfstand. Es ist sinnlos, wenn eine zerbrochene hohle Ehe in ihrer äußeren Form bewahrt wird und deshalb eine inhaltsvollere, intimere ungelebt bleibt. Leuchtende Beispiele von gut gelebten Partnerschaften haben Strahlkraft. Sie sind dem Werdegang zuträglicher als zerstörerische Ehekriege.

Am Ende verstehen wir, dass das zufriedene Leben ein Glückliches ist. Es wird immer erhebende und bedrückende Zeiten geben. Das Leben ist so. Wenn wir beides in den Bezug zur Schöpfung bringen, geht es weiter. Auch Glück und Schmerz sind geistige Sprache. Vom Glück dürfen wir uns getrost bestätigt fühlen und der Schmerz birgt das Glück des Gelingens, wenn wir die richtige Antwort finden.

Wer Kinder beim Spielen beobachtet, sieht die Begabungen und Schwächen, mit denen sie aus der geistigen Welt auf die Erde gekommen sind. Ist es nicht beglückend zu sehen, wie ihnen nach vielen Versuchen etwas gelingt, wie ein junger Mensch seine Schwäche zur Stärke macht oder ein anderer in seiner Begabung Bestätigung findet. Das Glück des Gelingens kann man bei den Kleinen besonders deutlich wahrnehmen.

Wie armselig ist es, wenn Eltern ihre Kinder zu erfolgreichen, möglichst auch geldreichen Gewinnern erziehen wollen. Rücksichtslosigkeit darf kein Erziehungsziel sein. Ist das die wahre Elternliebe? Wo bleibt der Respekt vor der Schöpfung, wenn die Begabungen und Schwächen der Kinder ignoriert werden.

Gewiss, Beispiel geben ist die wirksamste Erziehungsmethode. Die eigene Rechtschaffenheit rechtfertigt dennoch keinen Zwang. Auch nicht den Subtilen, indem irrelevante Werte beispielhaft betont und vorgelebt werden.

*

Angesichts der Möglichkeiten, die der menschliche Geist geschaffen hat, dürfen wir die Aufgabe mit Zuversicht und Vertrauen angehen. Die notwendige Umgestaltung unserer Gesellschaft ist mit demokratischen Mitteln möglich. Redliche Werte sind es wert, über die unredlichen gestellt zu werden.

Die soziale Kompetenz der Mehrheit muss sich auf demokratischen Wegen gegen Minderheit des asozialen Unwesens der sozial erkrankten Kapitalmächtigen durchsetzen. Nicht der Reichtum soll ihnen genommen werden, sondern die Macht, mit der sie auf die Gesetzgebung einwirken und damit die Verteilung der Erträge bestimmen. Vor allem muss die Chancengleichheit auf allen Ebenen geschaffen werden.

Das Selbstbewusstsein des suchenden und redlichen Menschen muss gefördert und gefordert werden.

Die Grenzen zwischen Lobbyismus und Bestechung müssen scharf gezogen werden. Vorauseilende Willfährigkeit darf den politischen Entscheidungsträgern keine nacheilenden Bestechungshonorare für Beraterverträge eintragen. Mit solchen Praktiken werden Vertrauen zerstört und die Bürger verhöhnt.

Die technischen Fortschritte in Produktion und Gesundheit bieten nie da gewesene Möglichkeiten zur Befriedigung der lauteren und lebensgerechten Bedürfnisse. Niemand muss hungern, damit auch die Armen satt werden. Die Zeit ist reif für die soziale Grundsicherung. Aufgestockte Verteilung der Erträge mit kleineren Unterschieden zwischen den Einkommensstufen geben allen die Möglichkeit, auch künstlerischen, sportlichen und anderen Bedürfnissen nachzugehen. Diese Freiheit wird den Menschen und damit der Schöpfung guttun. Das künstlerische Schaffen ist ein Trainingsraum für Entscheidungen aus freiem Willen. Sie stärken die geistige Welt. Es wird uns zunehmend zum Bedürfnis werden.

Grundsicherung kann nicht schlagartig von heute auf morgen gehen. Bereits vorhandene Denkmodelle müssen aufgegriffen, notfalls ergänzt und in praktischen Modell-Versuchen geprüft werden. Der Gesellschaftsumbau in diesem Format, die Verankerung neuer Einsichten mit redlichen Werten im Bewusstsein der Bürger, kann nur mit vorsichtig gesetzten Schritten erfolgen, aber wir müssen damit beginnen.

Die meisten etablieren Parteien werden sich ohne Druck nicht darauf einlassen. „Das sind gefährliche Experimente", wird das Freundlichste sein, mit dem sie das Projekt entsorgen wollen. Damit wird dem Ungeist der gierigen Zuschub geleistet. Wahlstimmen sind das wirksamste Instrument. Damit können wir Einfluss gewinnen. In den Parteiprogrammen finden wir viele Gründe, auch kleine, nicht etablierte Partei zu wählen. Der Wahl-O-Mat ist eine nützliche Einrichtung. Dort sind die Partei-Interessen übersichtlich dargestellt. Lassen wir uns nicht einreden, dass wir Stimmen vergeuden, falls die kleine Partei unter der Fünfprozentklausel bleibt. Das ist nicht richtig. Mit unserer Wahl stimmen wir nicht nur einer Partei zu. Wir wählen auch andere ab. Darauf kommt es an. Etablierte Parteien prüfen genau, warum sie nicht gewählt wurden. Das hat Wirkung. Wer nicht abstimmt, bestätigt die etablierten Parteien. Wir wählen und wählen auch ab. Natürlich ist es wichtig, die Partei vorzuziehen, deren Programm weitgehend passt. Protest wählen ist destruktiv. Bei Wahlen geht es den Parteien um die Macht. Wir können sie zwingen, zu den Sachproblemen zurückzukehren.

Die Grundsicherung hätte zum Beispiel auch die Maßnahmen und Hilfen in der Corona-Pandemie auf eine handlich anwendbare Basis geführt. Weil sie jedem zusteht, brächte sie automatisch mehr Gerechtigkeit und wesentliche Vereinfachung in das System. Wir wissen nicht, welche Plagen uns noch erwarten, können uns dennoch auf ähnliche Szenarien vorbereiten. Angesichts der bisher genannten Entschädigungszahlungen ist es vorstellbar, dass bei höherem Nutzen weniger Aufwand notwendig wäre, wenn die Lasten der Begrenzungen nicht nur die Erwerbstätigen, sondern auch die Vermieter von Geschäftsräumen und andere Nutzer von Kapitalerträgen träfen. Die Grundsicherung schüfe dafür eine wichtige Voraussetzung. Eine modellhafte wissenschaftliche Untersuchung brächte hier Entscheidungshilfen.

*

Wir wollen glücklich sein. Was ist Glück? Dürfen wir uns damit begnügen, reich, erfolgreich zu sein und uns anderen überlegen zu fühlen? Solches Glück ist vergänglich. Es ist unecht und macht auch nicht zufrieden. Mit dem positiven Wirken auf den Lauf der Schöpfung lässt es sich kaum vereinbaren. Zufriedenheit braucht andere Voraussetzungen. Das anhaltende Glück finden wir, wo uns etwas gelingt. Wenn es dann die Seele wohlgestaltet, stellt sich die ganz besonders wohltuende Zufriedenheit ein. Wenn es zum Nutzen der Allgemeinheit eingebracht wird, dient es auch der Schöpfung. Es ist ganz einfach. Das Glück wohnt dort, wo wir uns wohlfühlen, lieben und geliebt werden. Da darf man auch einmal fröhlich sein und übermütig über die Stränge schlagen. Es kommt auf die Grundhaltung an, in der man anderen begegnet. Wir sind nicht nur, was wir sind, sondern auch was wir werden.

*

Die Würde des Menschen ist ein Eigenwert. Durch sie wird die Würdigung der Leistung nicht geschmälert. Und natürlich soll die auch angemessen entlohnt werden. Der menschliche Geist hat auf der materiellen Ebene Wege geschaffen, die unsere Grundbedürfnisse abdecken und zu neuen Lebensaufgaben führen. Gesellschaft, Ethik und Kultur müssen in ganzer Breite von demokratischen Mehrheiten formuliert und gestaltet werden. Wir dürfen den seelisch Erkrankten nicht länger erlauben,

uns davon abzuhalten. Nicht die Macht darf globalisiert werden. Das Wohlergehen aller bringt die Schöpfung weiter. Unsere Aufgaben stehen in der Warteschlange. Stärkung und Gestaltung der Seelenkräfte können auf vielen Wegen erreicht
werden. Das geistig erkannte Gute zu verinnerlichen ist nicht
der Bequemste, aber der Sicherste. Das Gebet, so es fließen
kann, ist gewiss hilfreich. Meditationen bringen zwar weiter,
sind aber gefährlich, wenn die Fracht vom schädlichen Egoismus befallen ist. Was am Ende gut ist, spüren wir in dem
Wohlgefühl innerer Zufriedenheit, dem Glück des Werdens.

Anerkennung, die Würdigung ist das Mittel, mit dem wir unsere Mitmenschen motivieren. Freilich muss das Objekt stimmen. Nicht Reichtümer, keine narzisstischen Anmaßungen
haben die Würdigung verdient, sondern die Leistung in Har-
monie mit der Schöpfung. Es kann auch ein Verzicht aus sozialen Motiven sein. Ohne Liebe ist alles nichts. Der Wert
muss sich wohlgestaltend in die Schöpfung fügen lassen.

Dann ist es gut.

Spekulierende und moralisierende

Unterstellungen an Mitmenschen sind

anmaßend, weil sich Motive entziehen,

verletzend, weil sie in die Intimsphäre einbrechen.

Der Respekt vor der Würde des Anderen

muss uns von solchen Spekulationen abhalten.

DER GEIST IN DER POLITIK

In allen politische Parteien sind

redliche und unredliche

Kräfte zu vermuten.

Keine wird das allein seligmachende

Programm verkünden.

Es ist die Aufgabe der Politik

den Kräften des Zeitgeistes

humane Werte anzumessen.

*

Der Geist einer Partei wird sichtbar in den Richtungen, in denen sie ihre Kraftströme einbringt und in der Bereitschaft, das Ergebnis der öffentlichen Diskussion auszusetzen.

Es geht darum, die Wirkung anhand der Resultate zu erkennen.

Unredlich wird es, wenn verdeckte Ziele angestrebt werden und versucht wird, die Menschen zu manipulieren. Das ist ekelhaft, zerstört das Vertrauen der Bürger. Vor allem nimmt solches Vorgehen den Menschen die Würde. Man darf sich nicht wundern, wenn die sich dann auf der Straße mit würdelosen Aktionen wehren.

Besonders widerwärtig ist es, wenn Regierungsmitglieder unredliche, nicht öffentlich begründbare Entscheidungen durchsetzen, indem sie sogenannte Gutachten kaufen, um sich darauf zu berufen. Da werden der Lobbykratie alle Tore geöffnet.

Die „kleinen Leute" und redliche Politiker kaufen sich keine Gutachten mit vorgegebenen Ergebnissen.

*

In unserer Zeit ist die geistige Welt der Politik so fremd wie der Steinadler dem Quastenflosser oder die Freiheit der Macht. Solange Politiker ihren Einfluss egoistischer Motivation aussetzen, bleiben das natürliche Gegensätze.

Erst wenn die gewählten Repräsentanten mit Mehrheit redliche, hilfreiche, wahre, der geistigen Welt zuträgliche Werte und Erkenntnisse in ihre Entscheidungen einbinden, werden sich diese auch mit den Geboten der Schöpfung vereinbaren lassen.

*

Ein Zeitenwechsel steht an. Vonseiten der etablierten Politiker wird die Hilfe freilich nicht kommen. Indem wir den richtigen Themen und Wirkkräften unsere Stimme geben, stärken wir den zugehörigen Geist.

Der Wahl-O-Mat nennt eine ganze Reihe von wählbaren neuen Parteien. Die Etablierten merken sehr wohl, wenn sie abgewählt werden und dann ganz schnell die Themen und Ziele der gewählten Parteien mit vertreten wollen, um an der Macht zu bleiben. Auch so wird der Zeitgeist korrigiert.

Hat die Schöpfung schon die ersten Anmahnungen gesetzt? Kriege, Klimawandel, Flüchtlingsströme, Corona-Pandemie, weltweite Hungerkatastrophen, rechtslastige Gesinnung und auch der Straßenterror haben ihre Ursache in der unbedachten, rücksichtslosen Machtpolitik, wie sie heute praktiziert wird. Populismus und Macht bilden die widerwärtige Allianz, die Vertrauen zerstört und dem schöpfungskonformen Wirken der geistigen Welt entgegensteht. Der Paradigmenwechsel wird nicht von heute auf morgen möglich sein. Doch er ist notwendig und darf nicht verludert werden. Ohne Zögern und doch bedacht, behutsam und doch mit Nachdruck muss er angegangen werden.

*

Am Anfang steht das Wort, gemeint ist die Erkenntnis. Wir müssen die Dinge wahrnehmen, wie sie sind. Der neue Zeitgeist muss geprägt werden. Selbstbewusst sollen wir wirken.

Die Mehrheit für vernünftige und humane Entscheidungen war schon immer gegeben. Nun muss ihnen Dominanz verschafft werden. Machtstrategen dürfen nicht länger mit unlauteren Taktiken Erfolg haben. Nicht Milliardenreichtum und Größenwahn, sondern leistungsgerechtes Auskommen und humane Pflichterfüllung machen zufrieden. Mit unlauteren Werten wie Reichtum auf Kosten der Armen und Macht über Abhängige werden die Seelen der Menschen zerrissen.

Falsch gesetzte Themen bringen uns vom wirklichen Ziel ab. Der Zeitgeist muss mit der Schöpfung vereinbar sein. Durch Vertiefung soll er unsere Seelen gestalten, die wiederum die geistige Welt mit positiven Kräften ausstatten und stärken.

Auf diesem Weg können wir Gewaltausbrüche auf der Straße vermeiden. Die Ungerechtigkeiten drohen unerträglich zu werden. Das richtige Thema in unserer Zeit heißt „Gerechtigkeit für die Schöpfung." Darin finden wir das wahre Glück des Gelingens. Wir sehen die Glückseligkeit des Kindes, wenn ihm etwas Neues gelungen ist. „Wenn ihr nicht werdet wie die Kinder, werdet ihr nicht in das Reich des Himmels eingehen." [21] Es ist so einfach, wenn man das Reich des Himmels als das Reich des richtigen Tuns, des Gedeihens und des Glückes versteht. „Des Menschen Wille ist sein Himmelreich", sagt das Sprichwort. Es bestätigt, dass die Durchsetzung des freien Willens ein menschliches Bedürfnis ist. Das hat Wirkung auf die geistige Welt.

*

Wir haben nicht nur Würde, wir haben auch Bürgerrechte. Das wichtigste ist das Wahlrecht. Wenn die etablierten Regierungsparteien versagen, sollten wir genau hinsehen, welche Kandidaten und Parteien den humanen und ethischen Werten, das heißt der Schöpfung, nahe stehen.

---

[21] Matthäus 18, 1-4

Es ist erstaunlich und erfreulich, dass sich sehr viele kleine Parteien anbieten. Die Etablierten werden sie als weltfremd verunglimpfen, die Stimmen für solche Parteien als verloren darstellen. Das ist Unfug.

Engagierte verantwortungsbewusste Bürger entfalten durch themenbezogenes Wählen die Kraft, um dem miss-brauchbaren, emotional gesteuerten Wählerverhalten entge-genzuhalten. Da muss der freie Wille gegen die Absicht der Mächtigen gesetzt werden. Die neigen dazu, die Freiheit des Wollens zurückzudrängen. Macht vereinfacht die Durchset-zung von Maßnahmen. Das ist bequemer als erklären und be-gründen. Es ist erschreckend, wie wenig bei Wahlkämpfen argumentiert wird und dafür nichtssagende, aber emotional wirksame populistische Floskeln und Gesichter gesetzt werden.

Gerade von den etablierten Parteien werden vorwiegend sym-pathisch wirkende Gesichter gezeigt und allgemein gültige Ab-sichtserklärungen produziert. Maßnahmen wie Geschwindig-keitsbegrenzung, konkretisierte Bauprojekte für alternative Energie oder die Schaffung von Steuergerechtigkeit werden nur als Schlagworte, jedoch nicht in detaillierter Absicht mit Planung dargestellt. Stattdessen werden lobbygesteuerte Bür-gerinitiativen gegen Umweltschutz initiiert. Da werden Bürger-rechte Einzelner verteidigt, wenn sie auch der Allgemeinheit schaden. Auf der anderen Seite werden gerade die infrage ge-stellt.

Anstatt in fundierter Weise die Corona-Maßnahmen zu be-gründen, zeigt sich die Regierung wie ein unkoordinierter Hau-fen von Nichtswissern. Dies, obwohl man mehr als ein Jahr

Zeit hatte, die Ansteckungen den entsprechenden Situationen zuzuordnen. Das Stillschweigen in dieser Hinsicht erscheint wie dein Test, in dem ermittelt wird, was dem Bürger zugemutet werden kann. Damit will ich nichts verharmlosen. Vielmehr möchte ich erfahren, an welchem Ort und in welcher Situation die Gefahr am größten ist. Wurde das nicht ermittelt? Ist es nicht gelungen? Wird es verschwiegen? Um Ansteckungen zu vermeiden, wird erlaubt und verboten, und keiner begründet es detailliert. Sinnvoller, weil erfolgreicher, wäre es, wenn die Menschen in Kenntnis der Gefahren eigene Verantwortung entwickeln könnten.

Unfug ist es auch, wenn wir aus Gewohnheit, Bequemlichkeit oder vorgetäuschtem Sicherheitsbedürfnis den etablierten Parteien zustimmen. Inzwischen wählen die Bürger Parteien, denen sie eigentlich gar nicht mehr vertrauen, um vermeintlich Schlimmeres zu verhindern. Das entwürdigt und deprimiert. Es wird der freie Wille des Menschen durch die Unredlichkeit der Politiker vergewaltigt. Wie lange wird das gut gehen?

Auch „gut gemeint" rechtfertigt nichts. Das Vertrauen in die gewählten Repräsentanten ist das höchste Gut, der unverzichtbare Garant für eine funktionierende Demokratie.

Es schreckt, wenn Politiker mit diesem Wert Schindluder treiben. Jede Unredlichkeit, Täuschung oder Lüge, jeder Versuch zu manipulieren, jedes falsch gesetzte irrelevante Thema, welches von echten gesellschaftlichen Problemen ablenken soll, ist ein Vergehen an der Demokratie.

Wahrhaftige lautere Begründungen passen zwar nicht immer zum herrschenden unseligen Zeitgeist, aber sie können diesen entlarven und korrigieren. Darin liegt der wahre Sinn der Demokratie.

Das zarte Pflänzchen ist am Vertrocknen.

Natürlich gibt es auch das Böse,
aber müssen wir deshalb auch daran glauben?

Wir müssen die Dinge wahrnehmen,
wie sie sind.
Der neue Zeitgeist muss geprägt werden.

Selbstbewusst sollen wir wirken.

ZEITGEIST

In deiner Wahrnehmung
will ich erwachen und werden
wie Gott mich gedacht hat,
in deinem Vertrauen
mich verstehen,
den Weg erkennen,
auf dem ich Menschsein
verantworten kann.

*

Mit zehn Jahren (noch in der Hitlerjugend) habe ich erlebt, wie der bestimmende Zeitgeist durch massive Propaganda eingepeitscht wurde, um nur kurze Zeit später im eigenen Sumpf erstickt zu werden. Angesichts der sogenannten Deutschen Schande und der damaligen Not entwickelte sich ein Geist der Solidarität, der Lauterkeit und der friedsamen Demut.

Die Dunkelheit gebar ein neues Licht. Der neue Zeitgeist installierte sich in redlichen Werten.

Die wirtschaftlichen Erträge reichten für alle und für Investitionen blieb ein Übriges. Das deutsche Wirtschaftswunder stellte sich ein. Aus dem Überleben wurde Wohlstand und die Leistung mutierte zum Selbstvertrauen.

Die Deutschen verfügten über alle Voraussetzungen, um in Europa zum Hort des Friedens, des humanen Rechtes und der Freiheit zu werden.

*

Den Versuchungen der Überheblichkeit, der Macht und des falschen Erfolges konnten wir nicht widerstehen. Verführt durch unechte Werte, Anmaßung und Korruption stehen wir heute vor einem Scherbenhaufen. Die gesellschaftlichen Schichten laufen auseinander. Jede rechtfertigt sich mit Werten, die denen der anderen nicht mehr gerecht werden. Von der Politik zugelassen und mitgetragen, verlor der Zeitgeist seine Unschuld.

Aus dem heilenden Miteinander wurde das selbstgerechte Gegeneinander. So geteilt werden wir heute von egoistischen, nicht sozialisierbaren Kräften, psychisch kranken Gestalten beherrscht.

In der monopolisierenden Welt des Kapitals und der Wirtschaft bestimmt der Gewinn das Geschehen. Profite steigert man mit Macht, indem man Abhängigkeiten schafft und ausnutzt. Mit diesen Zielen wird auf die Politik eingewirkt. Gesetzestexte werden von den Rechtsabteilungen der Konzerne bei den Ministerien vorgelegt. Das staatliche Rentensystem wurde infrage gestellt, um private Rentenversicherer ins Geschäft zu bringen. Nicht die Rentner wurden bedient, sonder die unersättlichen Kapitaleigner. Deren Zugewinn ufert aus und kräht nach neuen einträglichen Kapitalanlagen. Die verwildern immer mehr in undurchsichtigem Gestrüpp.

Handelsverträge schreiben Schadenersatzpflichten fest, mit denen die Ausbeutung der Steuerzahler legalisiert wird. Energiekonzerne lassen sich den Ausstieg aus der Kernspaltung versüßen.

Investitionen werden ausschließlich auf Rendite ausgerichtet. Teilweise sind die vom Nutzen des Projektes nicht mehr gedeckt und deshalb immer fragwürdiger. Monopole sind systemrelevant und müssen im Fall des Missmanagements oder auch kriminell bedingten Fehlleistungen gerettet werden. Die Kapitaleigner opfern ein paar Bauern und nehmen sich aus der Verantwortung. Die Verflechtungen der Eigner in internationalen Monopolen sind heute so undurchsichtig, dass Verantwortliche unauffindbar oder verschont bleiben.

Noch immer werden elementare Versorgungsdienste wie Gesundheit, Wasser, Energie, Wohnen oder Verkehr privatisiert im Vertrauen darauf, dass die Kapitalanleger Verantwortung tragen. Die bezahlen ihren Managern lieber Bestechungsgehälter, damit die Erträge gesichert werden. Auch Frieden, Klima, Sozialität werden in diesem System dem Gewinnstreben geopfert.

Nicht alle Menschen sind ohne Moral und käuflich. Doch genügen wenige von der Sorte, um das System zu erhalten. Ein unseliger Zeitgeist lässt das Unrechtsbewusstsein in der Ecke stehen. Diese Manager tun, was sie gelernt haben: Gewinne optimieren! Redlichkeit, Würde und das reine Gewissen werden bald die letzten Werte sein, die man nicht kaufen kann.

Zusammenhänge sind zu erkennen, das Bewusstsein zu erweitern. Das Wissen darum wird unsere Verantwortung ins Licht setzen. Die darf nicht in der Ecke verderben. Verantwortungslose werden sie nicht tragen, deshalb ist sie dem Zeitgeist, ins Bewusstsein aller Menschen einzupflanzen. So werden wir Katastrophen verhindern.

Die Würde des Menschen basiert auf Freiheit und Gleichheit. Doch ohne Brüderlichkeit wird sie sich nicht niederlassen. Wir können unsere Energien sammeln, um einem neuen Zeitgeist Dominanz zu geben. Die hilfreichen Werte, insbesondere das solidarische Miteinander müssen wieder eingefügt werden. Der Menschengeist muss die wahren Werte wiedererkennen, formulieren und verinnerlichen. Die geistige Welt braucht Stärkung und Kraft, um einen geläuterten Zeitgeist gestalten zu können.

*

Warum und wie unser Glaube insbesondere im Verbund mit einer bildhaften Vorstellung als Kraft auf das menschliche Schicksal einwirken kann, weiß ich nicht. Offensichtlich wurden in früheren Zeiten auch Hexenkräfte darin erkannt. Im Unterbewusstsein haben sie Ängste hinterlassen, die sich tradiert haben. Auch heute noch wollen viele kranke Menschen ihren Zustand geheim halten, weil sie sich darin gegen böse Wünsche schwach und angreifbar fühlen. Allemal können solche Kräfte im Guten wie im Bösen wirken und viele Menschen spüren dies im Unbewussten. Indem wir unser Selbst bewusst machen und den eigenen bildhaften Glauben gegen das Schädliche setzen, können wir uns befreien und dagegen wehren.

Meditationen sind hier eine bewährte Technik.

Auch das Gebet ist hilfreich.

Es bleibt die Erkenntnis, dass hier das Geistige in Gestalt des Zeitgeistes mitwirkt. Die geistige Welt wird freilich auch vom Menschengeist befeuert.

Der Suchende wird, das Leben betrachten. Wer um die Zusammenhänge weiß, kann diese Kräfte sehen. Dieses Wahrnehmungsvermögen mag der eine in seiner Natur haben und der andere sich erarbeiten müssen. Gleichwohl muss ich einräumen, dass es nicht jedermann gegeben sein mag. Vielleicht erscheinen da irgendwann auch weibliche bis männliche Spezifikationen.

Was wir erleben, gründet immer auch in der geistigen Welt. Diese Annahme führt zu der Erkenntnis, zu der wir bereit sein und die wir zulassen müssen: Indem wir uns als Teil der geistigen Welt begreifen, verstehen wir auch das Leben in erweiterter Realität.

Da bewegen wir uns auf einem brachliegenden Feld, welches der breit anzulegenden Geistesforschung offen steht.

*

Die Mysterien offenbaren sich zurückhaltend. In den Anfängen der Menschheit waren sie nur wenigen Auserwählten zugänglich. Vieles ist auch heute noch schemenhaft und wird erst in der Annäherung deutlicher. Die Zeit der Geistesforschung ist dennoch gekommen. Zugleich müssen wir sie vor dem Unwesen des Machtanspruches schützen. Geheimbünde wollen dem gerecht werden, doch nicht alle sind vor dem eigenen Machtanspruch gefeit. Durch Macht werden viele Vorgänge in unzulässiger Weise vereinfacht. Da bleiben Lücken, in denen sie sich selbst einnisten kann. Geheimbünde mögen solches Wissen durch die Generationen getragen haben, heute sind sie durch die Emanzipation des menschlichen Wesens überholt.

Die Erforschung der geistigen Welt ist in öffentlicher Diskussion zu führen, um sie vor negativen Zeitgeistern zu bewahren. Das Wissen um die Zusammenhänge und Einflussmöglichkeiten darf auch nicht als Geheimwissen irgendwelchen egoistischen Kräften vorbehalten sein. Nicht trotz, sondern wegen der Gefahren braucht es Öffentlichkeit, Bewusstmachung und Vertiefung in der Seele.

Die Schöpfung ist unbestechlich und barmherzig zugleich. Ihre Vollendung bleibt uns unerreichbar fern. Der Weg zu ihr ist das Leben, denn nur das Lebendige ist wandelbar, dem Werden vorbehalten. In diesen Zusammenhang ist auch der Mensch mit Leib, Geist und Seele eingefügt. Der Leib sei vor Verletzungen bewahrt, der Geist frei und der Seele verpflichtet, dem Menschen seine Würde versichert.

Des Menschen freier Wille, der keiner Macht unterworfen ist, gewinnt die Tiefe, in der Erkenntnisse verinnerlicht werden, die Seelen stärken und den geläuterten Zeitgeist gestalten. Es obliegt dem menschlichen Geist, sich mit dem unaufhaltsamen Werden zu vereinbaren. Der unselige, materiell orientierte

Zeitgeist, wie er heute gelebt und in vielen Medien dargestellt ist, darf sich nicht durchsetzen.

Die Mehrheit der Menschen will das Gute. Wir wollen es in Zukunftsbildern gestalten, an die wir zuversichtlich glauben können, damit die Kraft unseres Glaubens den wahren und zukunftsgerechten Zeitgeist stärkt. Auch die Meditation ist als bewährtes Hilfsmittel sinnvoll. Für ein gutes Ziel zu leben und wirken gibt unserem Dasein einen Sinn.

Wir fühlen uns wohl, wo das eigene Werden der Schöpfung zuträgt. Im Gelingen liegt das Glück des Werdens.

In der monopolisierenden Welt des Kapitals und der

Wirtschaft bestimmt der Gewinn das Geschehen.

Profite steigert man mit Macht, indem man

Abhängigkeiten schafft und ausnutzt.

DIMENSIONEN DES DASEINS

UND DES LEBENS

Ich weiß nicht ob und welche physikalischen Gegebenheiten in diese Erklärungskette noch eingebaut werden können oder müssen, bin aber sicher, dass am Ende eine geistige Welt unverzichtbar sein wird.

*

Das Dasein und Leben in der materiellen Welt setzt Raum und Zeit voraus.

Ist das alles? Für die Materie - JA, für das Leben - NEIN!

Beginnen wir mit dem Raum, im unendlich kleinen Punkt. In der Mathematik ist er nichts anderes als eine dimensionslose Positionierung. Erst durch die Bewegung auf einer Ebene wird er zur Linie, die in einer zweiten Richtung bewegt, zur Fläche wird. In der Dritten entsteht der Raum, in dem sich die dreidimensionale Materie etablieren kann. Wir sehen: Ohne Bewegung geht gar nichts. Ohne sie reduzierten sich der Raum zur Fläche, die Fläche zur Linie und die Linie zum dimensionslosen Punkt.

Auch unser irdisches Leben ist nur in Zeit und Raum denkbar. Das Licht ist die physikalische Erscheinung, anhand der sowohl die eine wie der andere erklärt wird. Es bewegt sich unaufhaltsam mit unveränderbarer Geschwindigkeit in allen Richtungen. Zwar können wir es nicht wirklich aufhalten, doch

wagen wir einmal das Gedankenspiel und nehmen an, es stün-
de still. Was geschähe, wenn das Licht aufhörte, sich zu bewegen? Die Konstante (Nach Einstein Lichtgeschwindigkeit im
Vakuum) ist c (=300000 km/Sekunde). Wenn wir nun die Zeit
oder eine Distanz berechnen wollten und dabei die Bewegung
des Lichtes, die Lichtgeschwindigkeit auf null setzten, würden
auch Zeit und Distanz (Raum) mit dem Ergebnis null erscheinen. Das Nichts wäre vollkommen. So hängt auch hier alles an
der Bewegung. Gewiss, die ist nicht dem Leben gleichzusetzen,
dennoch ist sie ein Parameter desselben.

Ich weiß nicht, ob und welche physikalischen Gegebenheiten
in diese Erklärungskette noch eingebaut werden können oder
müssen, bin aber sicher, dass am Ende die geistige Welt erkennbar wird. Werden wir im Kleinsten einmal das Größte
finden?

Der menschliche Geist bedarf der geistigen Welt, in der er sich
niederlassen kann. Deren Erforschung soll ihre Vereinbarung
mit der Welt der Materie erklären. Eine Dimension des Lebens
ist eben auch der geistige Raum, in dem des Menschen Geist
mit seinem Anspruch auf Freiheit zugelassen ist. Gemeint ist
auch die Toleranz, die jeder jedem einräumen muss. Sie basiert
auf der angeborenen Sozialität und ragt hinein in die verste-
hende und begreifende Liebe. Solche Werte aus der geistigen
Welt legen dem Leben Qualitäten bei. Damit das Wesen der
künftigen Menschen dem entsprechend ausgestattet wird, müssen wir heute den geistigen Input leisten. So können wir einen
neuen Zeitgeist prägen. Das kann sehr schnell gehen, sofern
wir die Versuchung Macht nicht mehr zulassen.

Das Leben von Körper, Seele und Geist kann ich mir in der Vereinbarung der materiellen mit der geistigen Welt und deren gegenseitig wirkenden Impulsen vorstellen.

Wirken diese Impulse nur auf den Zeitgeist, der von den Menschen getragen wird? Bleibt die Natur unberührt? Es gibt Hinweise, die von der Geistesforschung gelesen werden wollen. In unserer Zeit ist zu fragen, ob Viruskrankheiten die Folge eines negativen Inputs in die geistige Welt sind. Wir erleben in dieser Corona-Pandemie, wie persönliche Freiheiten begrenzt werden müssen, um eine Krankheit zu bekämpfen, die möglicherweise nie entstanden wäre, wenn die Menschen der Natur mehr Raum gelassen hätten. Erkrankungen werden einerseits durch herkömmliche medizinische Methoden besiegt, auf der anderen Seite gefährden immer neu entstehende Krankheiten.

Natürlich kann man solche Zusammenhänge als Humbug verdrängen. Doch sollten sie zumindest ein Thema in der Geistesforschung sein. Bequemlichkeit ist zuweilen tödlich, und das Leben kann nicht nur dem Gewinnstreben dienen.

Das Wissen der Menschheit verdoppelt sich in immer kleiner werdenden Zeitabständen. Es fordert auch unsere Verantwortung. Wir müssen Sie erkennen und uns stellen.

Der menschliche Geist bedarf der geistigen Welt,

in der er sich niederlassen kann.

Die Erforschung der geistigen Welt

soll deren Vereinbarung mit

der Welt der Materie erklären.

EPILOG

Wenn Worte gesagt sind,

Lieder gesungen,

Das Tun zur Tat wird

im Klang des Wirkens,

fliehen die Gedanken

in die ungestillte Ewigkeit,

und seinen Schatten verliert

der große Zampano.

Das Schwert des roten Engels

zerbricht am Werdenden.

Nackt harret der Geist

auf seine Zeit,

sich zu kleiden und zu wandeln,

in eine neue schöne Gestalt.

*

In allem, was ich hier geschrieben habe, bleiben einige Dinge offen. Um es zu gestehen: Es gibt Themen, die ich nicht anzufassen wage. Es ist zum Teil auch der Respekt vor meinen Mitmenschen, der mich abhält.

Wie könnte ich meinen Gott nicht annehmen? Warum sollte ich am Vollkommensten und Edelsten, das ich mir vorzustellen vermag, zweifeln? Nein, diesen Gott lasse ich mir nicht nehmen. Natürlich gibt es auch das Böse, aber muss ich deshalb daran glauben? Weder das Gute noch das Böse ist allmächtig. Es liegt an uns Menschen, welchen Kräften wir huldigen wollen. Wir (und jeder für sich) müssen mit unserem freien Willen entscheiden, ob wir mit der Kraft unseres Glaubens das Gute oder das Böse stärken wollen.

Einige Erkenntnisse aus dem Geistesleben können nicht einfach verkündet werden. In vielem ist es besser, wenn wir sie in der Betrachtung des Lebens als selbst gewonnene Erkenntnis herausfiltern, bevor wir sie dem allgemeinen Dialog zur Bestätigung vorlegen.

Das Wissen macht schuldig und verdirbt das Paradies. Dennoch werden wir die Erlösung nicht im Unwissen finden. Geistesforschung ist mit Umsicht, Verantwortung und Respekt zu betreiben. Ehrgeiz oder Leistungsanspruch dürfen kein Thema sein.

So halte ich es für möglich, dass die Menschenseele in der vorgeburtlichen geistigen Welt sein Erdenschicksal mitbestimmen kann oder darf. Bei dem Menschen-Gott-Sohn Jesus ließe sich das problemlos einfügen. Kann das auch bei uns Alltagsmenschen sein? Ich weiß es nicht und will in dieser Annahme nicht auf Motivsuche gehen. Da mag sich jeder mit sich vereinbaren, sofern und so gut es ihm gelingt. In dieser Kausalität sind spekulierende und gar moralisierende Unterstellungen an Mitmenschen anmaßend, weil sich die Motive unserer Wertung entziehen und verletzend, weil sie in die innerste Intimsphäre einbrechen. Der Respekt vor der Würde des anderen muss uns davon abhalten.

Um den Zusammenhang von Glaube und Kraft vorstellbar zu machen, wähle ich gerne das Bild von der Gravitation in der Physik. Jeder erlebt sie täglich und keiner kann die Ursache ihres Wirkens erklären. Einstein, der sie auf die Raum- und Zeitkrümmung zurückführt, wagt in seiner wissenschaftlichen Argumentation den Schritt in die geistige Welt nicht. In der Diskussion um die Quantenphysik sagte er freilich auch einmal „Gott würfelt nicht", was seine Nähe zum Geist Gott vermuten lässt.

Die Vorstellung, dass alle Materie mit Raum und Zeit durch Verzögerung oder Beschleunigung aus einem nicht dimensionierbaren Ur-Licht herausgefallen ist und die Gravitation als physikalisch messbare Größe der Sehnsucht nach diesem Licht wirkt, erschreckt mich nicht. Sie erscheint mir als zulässiges Sinnbild für wirksame Glaubenskräfte, die sich unaufhörlich nach der einzigen Wahrheit sehnen und als Kraft des Glaubens wirken. Natürlich kann man dies auch anzweifeln. Als Erklärungsversuch erscheint mir dieses Bild dennoch sympathisch.

Im Wissen um meine Unvollkommenheit bleibe ich neuen Erkenntnissen offen. Neugierig werde ich den Weg des Suchenden weiter gehen, bis mich der suchende Geist verlässt.

Gebhard Xaver Bock

Vom Außenrand des Daseins
drängt das Unbekannte,
das immer war und ist,
mich immer sucht zu lenken.

Namenlose Bitten
stehen bei den Schritten
die ich meiden will,
voller Angst zu leiden.

Doch die vollkommene Nacht
gebiert das reine Licht,
in dem Begehrlichkeit flieht,
der Weg sich weitet,
auf dem ich Schatten zähle und Ziele,
und den verlorene Träume säumen,
die im Erwachen sich erfüllen
und das ewige Werden stillen.

Inhalt:

Zum Autor

Gebhard Xaver Bock ist ein neugierig suchender, aber auch ein nachdenklicher und kritischer Mensch. Krieg, der Vater gefallen, ein brennendes Dorf, Granateneinschläge, Hausdurchsuchungen, karge Kindheit und eine strenge Mutter haben Spuren eingegraben. Nachkriegsnot mit Schulabbruch führte in die Lehre zum Technischen Zeichner und zu autodidaktischer Weiterbildung.

Planunng, Berechnung und Kalkulation von regelbaren Maschinenantrieben prägten später sein berufliches Leben.

Mit sechzig Jahren begann er zu schreiben und hat inzwischen mehrere Bücher veröffentlicht.

Das Leben als Weg des Werdens ist ein Mysterium. Allein der Materie verhaftet, kann es den Anforderungen der Schöpfung nicht gerecht werden. Die geistige Welt und seelische Kraft müssen beteiligt und gestärkt werden, damit ein neuer heilender Zeitgeist einziehen kann.

Die Mehrheit der Menschen will das Gute.

Wir wollen es in Zukunftsbildern gestalten,

an die wir zuversichtlich glauben können,

damit die Kraft unseres Glaubens

den wahren und zukunftsgerechten

Zeitgeist stärkt.

Einige Erkenntnisse aus dem Geistesleben

können nicht einfach verkündet werden.

In vielem ist es besser, wenn wir sie aus der

Betrachtung des Lebens

als selbstgemachte Erkenntnis filtern,

bevor wir sie dem allgemeinen Dialog zur

Bestätigung vorlegen.